僕のオトシブミ

―空想と回想の山―

阪本博史

山と溪谷社

目次

空想に遊ぶ I

巨神兵

溶けているのか
それとも
生まれ出ようとしているのか
日本のマッターホルンと呼ばれる山だけど
実はこんなにおどろおどろしい巨人が
正体だった
信じられるかい

甲斐駒

俺は後悔しているよ。あの時、富士（神）の奴に歯向かったばかりにこの様だ。もうかれこれ1万年にもなるかな。こうして空ばかり見つめているんだ。そりゃあ晴れた日の夜空は見ごたえがあるさ。それに夕の西空の移ろいには涙が出そうになるくらいだ。でもな、世の中の移り変わりは全然わからないんだ。おまけに、雨や雪にも上の口が閉じられないんだから拷問の日々だな。

時々、大きな荷物を背負った人間が俺の顔を踏んづけて行くよ。痒くても払いのけられねえ。そういや、このあいだ人間が話していたっけ。この山の麓の水はうまくてよく売れているんだと。でもそれは俺が飲み込んだ雨水や雪なんだよな。

木曽駒

兄貴の仇をとろうとしたのは間違いだった。だけど、甲斐の兄貴は顔まで埋め込まれたが俺はなんとか頭だけは出すことができたんだ。雨水や雪は飲まなくてもすんでいるよ。御嶽や白山はもう見飽きたよ。でも、夜明けに赤くなった時や冬の真っ白い時は今でも見とれることはあるよ。夕の焼け色には我が身の不運を思って泣けてくるね。

ここには人間がたくさん来るよ。なにやら少し前、俺の後ろの斜面には人間を運び上げる箱ができたらしい。そのせいだろうな。だけど、俺の顔をまともに見た人間はいないと思うよ。空からじゃないと見えないものな。

キングコング

立山にはキングコングがいるんだ
谷筋にのんびり座って山頂を眺めている
コングのからだによじ登ってみる
ちょっと険しい急な登りだ
頭上に登ると
弥陀ヶ原が心地よく広がっている
エンパイアステートビルよりもいいところだよ

郷愁

100万年の旅の末、たどり着いたこの地
ここは自然豊かできれいな星
だけど日が暮れて真夜中になると
輝く天空の帯の一点を見つめてしまう
我が生まれた星
晴れた夜になると恋しくなるのだ

ピカソ

間違いない
ピカソの彫刻だ
それにしても
伊那谷を見下ろすこんな処で
何のために彫ったのだろう
あたりに埋まる
たくさんの顔たちに
触発されたのだろうか

下唇

青空に
俺の唇
魅力的だろ

ゴジラの背中

朝日に照らされているうちはいい
突起そのものが光り出したら
もうここは越えられない
膨大な放射能を浴びた
怪獣の目覚めだから

山の回想

山への誘い

尾根筋の樹林帯を抜け広い台地状の一角に立つ。あいにく、あたりは深い霧がたちこめ、認めうる視界は20メートルといったところか。静かだ。時折「シャリン」「シャリン」と微風に煽られ、木の枝から剥がれ落ちる霧氷の音がする。聞こえる音は霧氷のそれと微かな風の音、それとカンジキをつけた靴で雪面を踏みしめる音だけ。

ふと見上げると、樹林の向こうの厚い霧の一帯が押し裂かれ、頂とそこから流れる山肌が現れる。山肌に林立する霧氷林と白い頂。淡いカーテン越しに開ける決して煌びやかでないモノトーンの世界。霧の裂け目に開けた瞬時のその空間は、僕の心を躍らせ、そして間もなく静かに深く押さえつけていく。それまでのさびしさや不安はいつの間にか霧散している。それは、フォトグラフや安直な手段などでは決して得ることのできない、行為を前提とした現実空間の情景からの「感動」であり、瞬間が与えてくれる「感動」でもある。時に巡り会ったこうした感動が僕の心をまた厳しい冬の山に向かわせる。その季節はもう間近だ。

冬山での受難

初めての山スキーは比良山だが、技術がお粗末でほとんど板を担いで上がっただけという結果に終わったので、初山スキーは鈴鹿の鎌ヶ岳ということにしている。

スキー板は、職場の先輩からもらった木目のクラシックスタイルでストックも竹製である。シールはもちろん貼り付けタイプではなくて金具で所々に引っ掛ける方式のもの。それでも、とても興味があった山スキーの入手ができたわけで、わくわく気分で山行を計画したものだ。

早朝、一大決心で鈴鹿に向かう。通行止めの峠へと続く車道にはけっこうな積雪があった。当時の愛車は4輪駆動のワゴンタイプで、途中チェーンも巻いたのでかなり奥まで快調に進み入ることができた。寒さも厳しく雪も硬く締まっていたこともよかったのだろう。このあたりまで来れば車道を登る距離もいい加減だと判断して道路の脇に車を止め、いざ山行開始。

車道傾斜は歩くとさほどきつくなくスキーを滑らせることができる。時々、シールと板の隙間に雪が詰まって重くなるのをストックで叩いて落としながら登った。峠までは思ったほど時間がかからなかったと記憶している。体力も気力もまだまだ十分だったので、計画どおりスキーを峠にデポして鎌ヶ岳頂上を目指した。天気にも恵まれ、頂上での至福の時間を過ごした。峠からの帰路は、自然の雪（圧雪などされていない）での初体験の滑走だ。滑り始めると、山スキーをしている実感がぐっと湧いてきて頂上で味わった気分よりも高まった。しかし、車道の勾配は知れたものでスキー滑走には若干の物足りなさも感じた。

とはいえ、幸せいっぱいの気分で愛車のところまで下山。体力も目いっぱいであったが、あとは運転をして帰るだけだと、それなりの雪山での緊張感も緩んでいた。受難はそうした気の緩みの運転中に起こった。タイヤが雪の中にはまり込んで立ち往生してしまったのだ。朝はあんなに締まっていた雪なのに、その頃には昼間のあまりにもよい陽気のせいで、グサグサに腐ってしまっていたのだ。ピッケルでタイヤの前の雪をかいたり、あたりにあった木片を詰めてみたりしたがどうにもならない。それどころかどんどん車体は沈んでいくようだった。しまいには4輪とも完全に雪に埋まり、車体の底が雪面にくっついていた。急に不安感が襲ってきた。仕方がないと腹をくくり愛車を置き去りにすることにして、車道を麓の里まで歩くことにした。

1時間半ぐらい歩いただろうか、半泣き状態で集落にたどり着いた。周囲はすでに薄暗かった。体も気持ちも疲れのピークであった。ただ最後の最後に救いがあった。バス停の時刻表を覗くと、自宅のある町のJRの駅までの最終バスが程なく発車する時間だったのだ。またまた安堵で気が抜けた。

なんとか自宅にたどり着きはしたが、妻には当然呆れられる始末。また、その晩は職場の同僚たちと豪華な飲食会になっていたのだが、とても出向く気力がなくてキャンセルした。結局、この日の夕食は駅の近くで食べたうどんだけ。

そういうわけで我が愛車はおよそ1週間、人里さびしい雪山に放置されることになった。救出は、受難の出来事を話した同僚の助けを借りて行うことになった。いかにも「ふふふ、馬鹿な奴だ」と言わんばかりの笑みでもって、「俺が行ってやるから掘り出しにいこう！」との申し出に複雑な気持ちでお願いすることにした。

以後、積雪道路への車での深入りは避け、また雪山に出かけるときにはスコップは必ず積み込むようにしている。

ヘブン

マラソンなどの運動で気分が異様に高揚してハイな状態になることがあると聞く。ランナーズハイというらしい。科学的には、どうも脳内物質のエンドルフィンやらドーパミンの分泌が盛んになることで引き起こるということらしい。ドーパミンは快楽に関わる物質で人の気分を幸せにする作用があるとのこと。テレビで、あるプロレスラーが肉体の鍛錬の過程でこのような状態が引き起こり、それを求めて肉体を苛め抜いている、というようなことも言っていた。そうした状態を彼は「ヘブン」（天国）と表現している。前者も後者も繰り返し体験するなかで中毒的な傾向をもつようである。

一度だけヘブンらしき状態を経験したことがある。それは、白山登山の下山時に起こった。5月上旬の白山。早朝から5〜6時間はかかっただろうか。スキーを担いでようやく登頂し、澄みきった大気のなか遥かに広がる天上のパノラマを存分に堪能した。申し分ない天気であった。雲の海の向こうに連なる白きアルプスの山々を見るとき、あまりの美と神々しさに興奮を覚え、神の存在すら感じた。天上の世界とはまさにこうしたものだろうとかなり真面目に確信したことを覚えている。

帰路は担いできたスキーで滑り降りる、もともとこれが目的の山行である。このために5時間も6時間もひたすら登ってきたのである。たった一度っきりの滑降、慎重に、大事に大事に滑った。前年の初めての挑戦で、凍結と雨による悪い雪面コンディションのためスキーを担ぎ下りる羽目になった雪辱を晴らす思いもあった。

頂上の肩から広がる斜面を室堂まで一気に滑り降りた。その先のコースは南竜ヶ馬場に落ちる大雪渓を選択。雪渓を半分も滑り降りた頃だったか、言いようのない幸せな感覚が訪れた。嬉しくて嬉しくて、今までに味わったことのないとてもいい気分であった。滑走中に頭の中になぜか文字ではっきりと「し」「あ」「わ」「せ」の4文字が順に浮かんだ。ほんとに「しあわせ」を感じた。こんな高揚した幸福感は生まれて初めてだ。ヘブンというのはこういう感覚なんだ。

しばらく「しあわせ」に浸りながら滑り降りた。南竜ヶ馬場まで滑り降りると下山コースに戻るのに登り返しが必要だったが、もはやそんなことはなんの苦でもなかった。そして、あと半分の滑走を残しながらすでに心は達成感と充実感で満たされていた。

しかし、今思うと「しあわせ」とはなんてベタな言葉だったんだろうかと思う。もう少し、ましでしゃれた言葉が出なかったのかと。しかし、案外こういうものかもしれない。本当に底の底からの感情が噴き出るときには、ごくごく単純で修飾のない言葉として出てくるものなんだろう。

それにしても、文字に変換されて湧き出た仕組みはどう理解したらいいのやら。

シュプール

1メートル前後の積雪はあっただろうか。やや遅めの登高開始からおよそ2時間。雪の登山道をシール登高。ようやく木立のない丸い雪原の峠に出た。目的としていた頂は、これより南方に連なる尾根の2つのピークを越えたところにある。風が強いので、ひと踏ん張りの後、休憩もそこそこに雪原上でスキーをスライドさせる。峠の北の頂はすっかり笹原も埋まり、なだらかで魅力的なゲレンデとなっている。昨年は雪不足で滑ることができなかった。さらにその前年は未熟な技術で悔しさが残ったゲレンデである。なんとなく後ろ髪を引かれる思いで南進した。

たっぷりの雪と誰の踏み跡もない雪原を歩く快感。眼下の平野と湖。反対側には海まで連なる白い山並み。申し分ないプロムナードを30分ほど歩いた。目的のピークとの中間にあるピークで一休み。ふと後方の灌木林のすぐ後ろに見事な雪庇の張り出しが見える。無雪期には気づかない張り出しだ。ちょいと寄り道。この時期ならではの寄り道だ。そうこうしている間にお昼の時間。そこで、先ほどのゲレンデへの未練がむっくり起き上がってきた。

予定変更だ。雪庇から湖を正面に見下ろしながらさっさと昼食を済ませ、来た道を滑り降りた。急斜面もあったがけっこううまく滑れた。峠までの滑走も気分がいい。北の頂には、つぼ足で15分。頂に立つ。今しがた滑ってきた南の尾根に目をやると、午後の光が雪原上の2コブの斜面を照らして銀色に輝いている。そして、その輝きのなかに蛇行する1本のシュプール。

間違いなく自身が滑った軌跡。きれいだ。そして、満足で誇らしくもあった。この時点で引き返すことにした判断に満足した。

伊吹山を滑る

この10年ほど、毎冬伊吹山を滑っている。近年は降雪量が少なく、天気がよくて麓まで雪が積もっている日と仕事の休みのタイミングを合わせることがけっこう難しい。それでも1〜2回は滑る機を得てきた。そんな伊吹山行のなかでいくつか印象に残っていることがある。

はじめての滑走

初めての伊吹山スキー登山では、ダブルキャンバーの細い板に柔らかい革のブーツだった。ヒールフリーのテレマークスキーだ。当時始めて間もないテレマーク。伊吹山に臨むからには、幾度かの滑走の練習と山行の後に予定を立てた。当時、登りには三合目までゴンドラが使えたのでさほど苦労した記憶はない。七合目より上は勾配が急なので板は担いで登った。そして山頂はガスのなか。時折ガスの晴れ間から北部の山域が望めた程度であった。

売店か何かの建物の風下で腹を満たし、いざ滑走下山へ、とスキーを装着した時、後方に二人連れの登山者がいることに気がついた。先方もこちらを見ているようだった。ふたりへの意識が離れない。うまく滑る姿を見せてやらねば！　無様な転倒だけは見せられない！　それでもあまり気を取られないように後方への意識を抑えながら慎重に滑り出した。山頂から九合目まではなだらかな斜面。うまくいった！　少なくともふたりからガスの中に僕の姿が見えなくなるだろうところまでは。ほっとした。ふたりが僕の滑走を見てどう思ったかを想像すると誇らしくて愉快であった。自意識過剰の自惚れ屋そのものだ。しかし、そうした感情は九合目からの下山において無残にも砕かれてしまったのは言うまでもない。歩行重視の道具に浅い経験と技術で滑れるほど伊吹山は甘くはないのだ。下山後数日のつらい筋肉痛は、無駄な力と数えきれない転倒によるものなのは明らかだった。

出会い

絶好の晴天に恵まれた。雲ひとつないどこまでも抜けるような濃い空に向かって頂上を目指した。放射冷却のせいだろう、七合目を過ぎると雪面は凍っている。九合目直下の急斜面ではシールが滑って苦心した。滑り落ちるのをこらえながらの登りには脚力が相当いった。そうして苦心しているところに後方より一人のスキー登山者が追いついてきた。快調に登ってくる。そして、僕を追い越す時に「アイゼンがないと大変でしょう」と言い残して過ぎて行った。苦心の末なんとか登頂した僕は、先に登頂していたその男の人と会話を交わした。どちらから話しかけたのかまでは覚えていない。しかし、その人から聞いたこの日の登山に至る経緯のことは忘れていない。今朝、車での出勤途中に、伊吹山の天気があまりによかったので、こんな機は逃せない！と急遽会社に休みの電話を入れてやってきたとのこと。それを聞いて僕は呆れることはなかった。呆れるどころか逆になんとなくほのぼのしたような気持ちで、そういうやり方、生き方だってありだな、と思った。そして、先に滑り降りるその人を気持ちよく見送った。

雪洞でのこと

3度目か4度目のこと。同行者は職場の同僚である。彼はゲレンデで1、2度のテレマーク経験しかなかったと思う。そんな男を伊吹山に連れ出したのは罪なことであった。山歩きやスノーボードなどの経験がある男なので、装備にはまず問題はないだろうと思って特に助言などはしていなかった。天気は晴天ではなかったが降雪もなくさほど悪くはなかった。風が強まる五合目あたりまではけっこう汗ばむ登りだった。五合目を過ぎると風が強くなる。西からの冷たい風に汗をかいた体が冷える。ふたりとも上着を着て手袋も薄手のものからグローブに替えた。そんな時、同行者にふと何気なく、まさか下着は綿のものではないだろうね、と尋ねたのである。彼は綿だと答えた。そして冷たいと！　困ったものだが仕方がない。強風のなかで下着を脱がすわけにもいかない。登っている間は体温も上がるのでそう問題はないだろうとそのまま頂上を目指した。頂上はガスで見晴らしはあまりよくなかったと記憶している。降雪が多めだった。建物の脇の吹きだまりに雪洞が掘ってあった。昼食にちょうどいいので、その雪洞を拝借することにして中に入った。入るなり、昼食の前に僕は彼に下着のTシャツを脱ぐように言った。彼は、こんなところで⁉というようなことを言いながらも応じて雪洞の中で上半身裸になってTシャツを脱いだ。幸いTシャツの上はアクリル様の厚めのシャツだったので、汗ばんだTシャツの冷えから逃れた彼は少しほっとしたようだ。それから昼食で体を内側からも温めた。そのとき彼は言った。「こんな雪のなかで裸になるなんて、じじいになっても忘れないな、絶対!」

その後僕たちは山頂を周遊したのち滑走での下山に移る。七合目あたりまでは斜滑降とキックターン。彼は半分ほど歩いて下山。七合目以降はふたりでテレマークを決めて下山する予定。しかし、僕より経験の浅い彼はうまくはいかない。華麗なテレマークターンをイメージしながらだろうか、ターンのたびに「テレマーク!」と言っては次の瞬間雪に埋もれている。何度もそうした彼を見ているうちに我の罪深さが増すばかりで詫びる気持ちも芽生えたのだった。彼は体力を使い果たしながらもなんとか無時下山できた。僕はほっとした。そして、雪洞での彼の言葉を思い出した。じじいになるまでか? 彼のこの後に襲う全身の痛みはどれぐらいまで覚えているだろうか?

子供の歓声

気分のよかった思い出だ。土曜日だか日曜日だかは忘れた。天気のよい休日だった。登山者は多く、家族連れも何組か登っていた。いつものようにかなりの体力を使って登頂し、下りは七合目あたりまでは斜滑降とキックターン。灌木帯を慎重に抜けて本格的に滑り始める。とはいえ五合目あたりまでは余分な力が入るのと思い切りが悪くてすっきりとしない滑りだった。

どんどん下から上がってくる登山者の目に下手を打てないと意識しすぎていたことも影響していたのだろう。

しかし、五合目手前の緩まった斜面になると少し力も抜けて滑れるようになった。登山者も少ない。ここを逃すわけにはいかない。気を入れて滑り出す。そして連続ターンが決まった！

その瞬間、後方から子供の大きな声が聞こえてきた。「おかあさん、あの人むちゃむちゃスキーうまい！」。滑りに集中していた僕は家族連れの存在には気づいていなかった。僕は家族連れの方を振り向くことなく、何も聞こえなかったかのように涼しく先を滑り降りた。意図したことではなかったけど、してやったりだ。子供のたった一言なのに満足感に溢れた山行となった。単純なものだ。

初めての乗鞍スキー

とりわけ初めて登る山で出会う景観、それも広大さや色合いや形状などの要素が組み込まれたものに出会うと、心が激しく喜び、そして弾む。長い道のりを登り続けてきた過程を経て出会うそうした景観は、ひたすら苦しさに耐えながら歩を進めた行為の積み重ねがあって、より心を揺さぶるものに高まるのであろう。初めて登った北アルプスや白山などの高山だけでなく、近隣の比良や鈴鹿においてもこの感動を感じさせてもらった。とりわけ、近年では冬、春の雪山において得ることが多かったように思う。しかし、この3年ほどは、心身のコンディションが悪く、感動には久しく遠ざかっていた。

コンディションが戻ってきた昨年秋あたりから山登りへの欲求が再燃し、アルプス方面まで出かけるようになった。以前から歩いてみたかった燕岳から槍ヶ岳に抜ける通称〝表銀座〟にも出かけた。容姿の均整がとれた燕岳はよく見る写真のとおりいい山だと思った。それより何より、稜線から仰ぐ槍ヶ岳とその北鎌尾根の景観は素晴らしいものがあった。これは写真では駄目である。空間の広がりのなかでそれが表す荒々しさと迫力は、その場でなければ感じることはできないだろうと思った。長いアップダウンの行程で古傷の膝痛が再発してしまったが、十分に満足した山行であった。

冬には以前に恒例としていた伊吹山をはじめあちこちで山スキーを楽しむことができた。なかでも4月に登った乗鞍では久しく味うことのなかったレベルの感動を得ることができた。

長野側の乗鞍高原に車で乗りつけたのは正午も少し前。春スキールートであるスキー場のゲレンデから登り始め、約4時間。途中の小屋泊まりの予定であったが、どうやら小屋へのルートを外してしまい、すでに通り越してしまっていたようだ。霧の中、たぶんさっきのところで右の林の中を抜けなければならなかったのだろうな、と思ってはいたが、眼前のピークの先に広がる空が開け、ちょっとした誘惑にかられてしまった。

ピークまで登りきると、眼前にあった広大な台地といくつもの真っ白な山群に圧倒された。位ヶ原である。眼前に広がるなだらかな斜面を有して鎮座する大きな4つの山群。それらに通じる雪原とその先の鞍部。歩きたい、滑りたい衝動に駆られる。昔から山スキーのメッカ的な存在であった、とは知っていたし、夏の剱ヶ峰には20数年前にドライブウェイ経由で登ったことがあったのだが、これほどに雄大であったのかとあらためて驚かされた。それに「どこでもドア」ならぬ「どこでもゲレンデ」。まさに山スキーのための山である。大きな山での山スキーは、白山と八ヶ岳ぐらいしか知らなかったのだが、もっと早く来ていればよかったとも思った。

位ヶ原でのほんの数分の景観に、久しぶりの心躍る感動に浸ることができた。また、明日にひかえる山頂への道程と帰路の滑走を想像しながら、期待の身震いとともに小屋方面に向けて滑り降りた。

翌朝の天気は快晴。山頂周辺の風もまったく穏やかで、スキーを履いたまま登頂。剱ヶ峰からの景観に酔いしれた後は、当山行のクライマックス。山頂からの大滑走だ。しかし、残念ながら、技術の伴わない滑走は大回転ならぬ中空での縦回転を組み入れたもので、滑走に酔いしれるとはいかなかった。

不機嫌な山の神

ホワイトアウト

乾いた小粒の雪がそれほどの密度なく舞い降るなかを1時間余り登ってきた。シール（滑り止め）を貼ったスキーをスライドさせ、右下に流れる斜面に生える幾本かのダケカンバの間をすり抜けて目的の台地を目指す。それら木々は2メートル以上ある積雪に幹を反らせながらも懸命に耐えている。そしてその枝ぶりはあたりを漂うガスのなかで幾度にも角度を変えて湾曲し、異様な触手を伸ばす不気味な生き物にも見える。樹間を抜けしばらくするとあたりにはもう木は生えていない。登りはじめの雪もここでは降っていない。もう少しで目指す台地に出るはずだ。斜度がきつくなってきた。ガスで足元もはっきりしない。ふと顔を前方に上げると1メートル先も見えない。2、3歩スライドさせては顔を上げて先を確認する。しかし何も見えない。そのとき、メガネの左レンズの隅に黒い影を認めた。影は濃くはなく、漂うようでいてそしてまとまっている。振り向くが何も見えない。そこには雪面と中空の境目がなく上下左右が曖昧な乳白色の空間があるだけだ。メガネを確認するが何も付着物はない。数歩登ってもう一度顔を上げる。メガネの隅にはまた影がいる。ぼんやりながらその影の輪郭は人の上半身のようにも見える。いや、そう見てしまうのかもしれない。もう一度振り向いて確かめるが、そこには同じ白い闇があるだけ。

斜度がさらにきつくなってきた。スキーのエッジを目いっぱい立ててこらえながら登る。何度もずり落ちては踏ん張って登り直す。そのうち登った分よりずり落ちる幅の方が大きくなった。息を切らせては踏ん張り、顔を上げる。また影だ。しかし振り向くとバランスを崩してさらにずり落ちてしまいそうなので振り向かない。レンズの隅にはまだそれがいる。そしてその直後、用心の甲斐なく数メートルずり落ちてしまった。体勢の維持のために踏ん張ばろうとする意思とは逆に身も心も脱力している自分がいた。その斜面をあきらめて引き返すことにした。恐る恐る斜面をずり降りているうち、前方に見覚えのある木立が見える。そしてすぐにまた白い闇の中に消える。方向の見当がつき片隅にあった不安が霧散、気持ちも少し晴れる。やや下り気味に見当をつけた場所にたどり着くと、そこは目的の台地の縁であった。やがてほぼ無風のなかでぼんやりとした薄いガスの晴れ間が斜面を上方に移動していくと、たどり着いた大地の縁は見当をつけていた場所のはるか上部であることがわかった。やがてたどってきた方向のガスもおぼろに晴れ、その雪面を確認することができた。とんでもない斜面を登ろうとしていた。エッジをいくら効かせたところで登りきれるような傾斜ではない。下手をすれば滑落もの。毎年通過しているコースながら白い闇の中では、我が身がもつ距離の感覚などまったくあてにはならないものだと実感し、ほっと胸を撫で下ろす。そして少し冷静さが戻るとメガネの影のことを思い出した。「引き返せ！」何かが背後で警告していたようだ。

ブリザード

翌日、同じ台地にもう一度立った。前日とは打って変わって猛烈な風が容赦なく台地を叩く。

断続的に唸り声をあげた力いっぱいの平手打ち。まともに立っていられない。うっかり風上になど顔を向けようものなら、舞い上げられたガラス片のごとき氷の粒の洗礼を受けてしまう。まともに歩けもしないし滑ることもできない。早々に退散とする。前を向いたままでは顔がもたないので、おのずと下向き加減で滑ることとなる。氷の粉粒が雪面を流砂のごとく流れていく。平衡感覚がおかしい。滑りをやめて立ち止まり、身を前かがみに縮めて風をこらえる。止まっているはずなのにゆっくりと斜めに滑っていく。そんなはずはない。感覚が侵されてきたみたいだ。めまいがする。軽い吐き気がする。早く台地を下りなければ。慎重に滑りながら台地の縁に戻る。少し下りると風はなく穏やかな別世界。小休止して酔いを覚ました後は麓まで快適な滑走ができた。滑り降りた麓から仰ぎ見る山頂の上空には不気味に渦巻く黒い雲。麓の高原で帰り支度をする頃には黒雲の中に稲光が走る。台地の烈風はまたしても警告だったようだ。

モンスター

年末の八ヶ岳。今年は例年に比して早くから雪が多い。登山口の渋ノ湯から黒百合平への道も深い雪に埋もれている。しかし、入山する人が多いこともありトレースはしっかりとつけられ踏みしめられている。アイゼンの効きがとてもよく感じられる。

標高が高くなり黒百合平に近づくにつれて樹木を覆う雪の量が増え、木々のかたちが変化する。そして、そのユニークな姿が目に飛び込んでくる。モンスターと呼ばれているものだ。真っ青な空の青とモンスターたちとのコントラストに脳が喜ぶ。黒百合平に通じる樹林にはひときわユニークなものが多かった。トウヒが化けたものは水掻きがついた爬虫類の手が全身を垂れ覆う妖怪ドロドロ傘、背の低いものにはスナメリやモスラの幼虫、ハロウィンの布オバケ、人間の胎児までいる。丸くてこぶこぶの背の怪獣が空に這い上がる。雪がなければ緑香る針葉樹の林。今はいろんな形のモンスターが迫る別世界の林となっている。モンスター林の奥を見やると、得も言われぬ青の世界が広がる。樹間は特別の粒子で染めたかのような青い空間。温かみのかけらも感じない冷え冷えとした異次元の世界がそこにある。ストックで刺した足元の雪面の穴にも青の世界が潜んでいた。

師走の日没は早い。烈風の天狗山頂から早々に退散し今宵の宿に急ぐ。ヒュッテあたりの林にもモンスターがひしめいている。ヒュッテもけっこうな宿泊客でにぎやかだ。

消灯時間は8時。階上にある大部屋の寝床はすでに横たえた人たちで埋まっている。夕食後のストーブの前で飲んだバーボンの効き目もあって、布団に入ると意識がなくなるまで時間はかからなかった。夜中に目が覚めた。自宅でも外泊先でもよくあること。しかし、山小屋での夜中の覚醒にはいい経験がない。それにはある恐れが原因している。そしてその夜、その恐れていたことが寝起きのおぼろげな意識を侵食してきた。最初のものは少し遠くからで音もまだ小さい。しかし、いったん気になりだすとなかなか意識の外に追いやることはできない。そのうちもう少し近くからも聞こえてくる。次の3人目は頭上からのものだ。もう駄目だ。朝までの覚悟を決める。大虎小虎のうなりが耳から離れなくなる。そのうち遠方より甲高い繁殖期の猫の声まで。その合唱はさながらモンスターの夜の宴。モンスターたちはヒュッテの中にも潜んでいたのだった。

足裏の感触

1泊2日で八ヶ岳硫黄岳から赤岳のミニ縦走をした。1日目は赤岳鉱泉の小屋泊まり。5時間の運転の後とはいえ林道歩きが主な、小屋までの道のりは楽勝だった。

その日の小屋は登山者でにぎわっていた。夕食後にちょいと晩酌を済ませて寝床を確保。蚕棚だけでは足りなく、広間の床は全面登山客で埋まっていた。しかし、なんとか仰向けで寝ることができるスペースをとることができた。いつぞやの白馬で経験した、寝ている人と人の間に身をねじ込まなければならなかったことを思えばかなりましであった。

晩酌による眠気ですぐに眠ることができたが、いつものことながら夜中に目が覚める。トイレに行こうかどうかと迷っていると奥の蚕棚から誰かが広間を出て行こうとするのがわかった。トイレだな、と思いながら当方も思案。そのうちに出て行った人が戻ってきた。床の人の合間を縫ってそろりそろりと歩いているのがわかる。そして近くに来たと思った瞬間、左頬全面に柔らかくて生温かい圧力がぺちゃりとかかった。まぎれもなく足裏だ。それもトイレ帰りの生足。足の主は慎重に探り探りの足取りだったのだろう、瞬時に気づいて足を引き上げて奥に入って行った。男か女かわからない。夜中でもあり「おい！　待て！」と発する勇気はなかった。かわりに迷わずトイレ行きを決断。もちろん顔も洗うためだ。完全に目覚めてしまった僕はトイレを済ませた後に顔を洗って寝床に帰った。しかし、指腹一本一本までわかる足裏の感触までは洗い落とすことはできず、眠気は朝方まで訪れなかった。蚕棚の奥を睨んだものの寝息と暗闇があるだけだった。今では翌日の縦走の記憶はほとんど残ってなくて、思い出そうとすると夜中の足裏の感触だけが蘇るのだ。

雪山山頂での昼寝

ここは立山浄土山の頂上。残雪の山頂。5月中旬なのに夏のような陽気だ。

かねてよりいつかは立山を滑ってみたいと思っていた。人出を嫌い連休明けの週末にやってきた。おかげでケーブルカーやバスは混雑なく乗ることができ、初めて見る雪の大谷のそそり立つ雪壁もゆったりとした気分で眺めることができた。それでも室堂の雪原はけっこうな数の観光客でにぎわっている。スキーを持って歩いていると、興味深げに視線を向ける人や、どこで滑るのか？と尋ねてくる人もいる。あの斜面を滑る予定だと、明日滑る予定の別山から流れる雷鳥沢の斜面を指さして答えると、「ほお〜」と驚きと感心の混じったような返事が返ってくる。なんとなくスキーの腕前を高く見られたようでもあり悪い気はしない。

室堂に到着したのは昼前。スキーを履いて観光客が歩くルートを外れ、台地の広い雪原の真ん中あたりで弁当を食べる。雪の上に座り、大日岳の方を眺めた。座した目線から眺める雪面と、真っ青な空に白く柔らかなラインを描く山体。余分な色もない。悪くない！とつぶやく。

昼飯を食った後、浄土山に向けてスキーで登る。歩きはじめは室堂からの緩やかな斜面。それでもすぐに汗がにじみ始めた。雪面に反射する日の光が熱をはね返してくるようにも感じる。上着はもちろんのこと、中間着のシャツも脱いでTシャツ一枚になる。室堂山との鞍部でスキーをデポし浄土山山頂への斜面を苦心して登った。きつい急斜面のうえに、腐った雪で足をとられたり、凍った斜面で滑ったりと、体力を奪われる登りにはまいった。

山頂に出ると眼前に迫力のある山塊が迫ってくる。雄山から連なる立山の連山、その向こうに印象的な剱の山頂部が見える。いまだに雲ひとつ現れない濃い青空に白峰の山々のコントラストはまったく素晴らしい。しばらく、山頂の周辺をのんびりと歩いたのち、石垣の上で休憩をとった。雪のない石の上で寝ころんで空を見ているといつの間にか眠ってしまっていた。ぼんやりと目覚めた視線の先には相変わらずの真っ青な天井、それに初夏のような陽気に体の冷えはまったく感じない。石垣に座った時間からすると20分ぐらいは経っていた。今夜は近くの山荘泊まり。焦ることのない予定と陽気がくれた山頂でのぜいたくな昼寝であった。さあ、あとは室堂平への斜面をゆっくりと滑るだけ。明日への足慣らしだ。

ライチョウ沢を滑る

早めに朝食をとりロッジを後にした。天気予報は午後から下り。すでに薄い雲が出始めている。昨日の陽気は去っている。昼までには滑り降りるつもりで登りを急ぐ。急な登りが続いたが意外と早い別山乗越への到着だった。時間の余裕があったので南北にある小さな2つのピークで景観を楽しんだ。なんといっても劔の岩峰は迫力があって見ごたえ十分。雪の白と黒い岩肌のコントラストもよい。劔沢に目をやると一人のスキーヤーが登ってくる。滑走後の登り返しだろうか。もともと劔沢の滑走も予定に入れていた今回の山行。天気の崩れに当たらぬよう予定を短縮したのだから劔沢には未練が残る。少し厚くなってきた雲の流れに気持ちをリセットしてもと来た雷鳥沢を滑り出す。谷筋はけっこうな傾斜角だ。途中、南側の尾根筋にルートを変えた。谷よりいくぶん滑りやすい。尾根の中ごろを滑っている時、足元のすぐ近くから一羽のライチョウが飛び立った。ひやりとした。危うくひき殺す、いや滑り殺すところだった。雪面に同化した体色は目に入りにくい。飛び立った後の雪面を凝らして見ると小さなすり鉢状の窪みができている。周囲を凝らして見ると同じような窪みがいくつかあった。ライチョウが休んでいた跡だろう。さっきの鳥があちこちで休んだ跡だろうか。それともほかに何羽かいたのだろうか。それにしても殺さずに済んでほっとした。そして、それからの滑走はじっくりと雪面を眺めてルートをとった。天然記念物との突発的な出会いがニアミスで終わってよかった。午後には雷鳴はなかったものの雨が降った。

トマトジュース

黒部で

2秋連続で黒部源流周辺の山を歩いた。2回とも富山の折立から入り上高地または新穂高に抜けるルートをとった。ともに夜行列車を利用しての旅である。2回目の秋は、太郎平から薬師沢を経由して雲ノ平、鷲羽さらに笠ヶ岳まで足を延ばす計画であった。寝不足でしゃっきりしない体に鞭打ち太郎平を越え薬師沢で一休みしていた。時間は午後の2時を回った頃だったか。計画ではこの沢の小屋に泊まるか一気に雲ノ平まで登ってしまうか、そのときの判断のつもりでいたが、この小屋泊まりも時間からして早すぎるし、とはいっても夜行列車での疲れから雲ノ平への直登にはちょっと自信が持てずに悩んでいた。悩んでいたというより、ほぼ「今日はこのくらいにしておこう」と心の中ではけりをつけかけていた。ちょうどその時、小屋までの下りで一緒に降りてきて同じく一服していた一人のおじさんが、一緒に高天ヶ原まで行こうと言い出した。当人は最初から高天ヶ原まで行く予定にしていたようで、温泉に浸かる気満々である。返事には躊躇した。それは当然である。地図でルートを確認すると5〜6時間はかかるようになっている。これからその時間を歩く（登る）自信はなかった。すると、返事を待ちわびたおじさんは、「俺も夜行で来たんだよ。大丈夫！　歩いてりゃ着くさ。俺は51だぜ」「行こう！　行こう！」と強引に誘うのである。この「51だぜ」という言葉を聞いた瞬間、ムラムラッといらぬ意地の虫が騒いでしまった。その時僕は30代半ば。そして、まずい決断をしてしまうことになったのである。

なんと長い道のりであることか。後悔しても始まらない。ただひたすら歩くのみである。おじさんは傾斜に関係なくいつまでもまったく同じ歩調で歩いていく。なんという51歳。高天ヶ原に抜ける峠あたりにくると僕はもう体力の限界にきていた。峠あたりで休憩をすることになった。その時、おじさんが「これ飲みなよ」とトマトジュースのパックを差し出してくれた。息荒くあえいでいた僕は遠慮もせずにそれを受け取り一気に飲み干した。もう夕方、温泉にも入らなければ気がすまないおじさんはちょっとの休憩でまた歩を進めた。なんとか後ろについて歩き始めると、不思議なことに疲れがかなり取れているではないか。そのうち、道も下りになるともうおじさんのペースについていて歩けていた。小屋に着き荷物を置くや否や、おじさんは「温泉」「温泉」と言い出し、満足に休憩もしていないのに温泉行きに心がつられてしまった。この温泉がまた、小屋から15分ほどかかるではないか。おまけに、浴場は昨年の土石流だかなんだかで流されており代用のホーロー製のものである。風情もない。おじさんはそんなことには無頓着のようだった。

その夜、小屋泊まりでは珍しく泥のように眠った。そのせいか翌朝は快調、槍を目指すおじさんとは途中で別れ、雲ノ平へと向かった。

後々、こんな出会いがなければ、高天ヶ原などにはまず行くことはなかっただろうと思うと、おじさんには感謝である。それにトマトジュースにも。

白山で

この経験の1、2年後だったと思う。前々から歩いてみたかった加賀白山の別山から釈迦岳の周遊コースを歩いた。けっこう暑い夏だった。別山を越え南竜ヶ馬場に着いた頃にはもう体力の限界を超えていた。というより、どうも途中から体の調子が悪い。妙な息切れがしたり、パワーがすとんと落ちるような感覚があって力が入らない。今日はもうこれくらいにして南竜ヶ馬場の小屋に泊まろうと決心した。喉が渇いていたので山小屋でトマトジュースを買った。小屋の前でトマトジュースを飲み干し休憩していると、不思議なことに気力が戻ってくるのだ。しばらくすると、「もう少し歩ける！」自信が芽生えてきた。

南竜ヶ馬場の小屋で泊まることはやめ、室堂まで登ることにした。これがまったく調子がよい。さしたる疲れも感じず室堂に到着である。不思議であった。

翌朝は4時起きで釈迦岳を目指した。

それにしてもトマトジュースの効果は絶大である。

ヒッチハイク

初めて北アルプスでの縦走を計画した。日程は3泊4日。富山県の有峰から入り槍ヶ岳経由で上高地に出るルートである。真夏は人出が多いだろうし、山小屋で見も知らぬ他人と体寄せ合って寝るのはごめんだったので9月中旬を狙った。

富山までのアプローチは夜行列車で、早朝に富山駅に着く便だ。これも初めての経験であった。深夜の12時過ぎに米原駅で列車に乗り込んだ。もうすでに大阪や京都あたりで乗車した人たちはそれぞれに座席の2人分をねぐらにしておやすみしている。座席の下の床に直に寝ているものもいる。通路に足が遠慮なく出ていて、死体が転がっているようにも見える。それにしても床などでよくも寝れるものだと感心しながらも、自分の座席確保にあちこちの座席を見て回った。すでに多くの座席には住人がいて、なにやら物思いにふけるように座っていたり、体を折りたたんで眠っている。幸い2人分の空いている座席が見つかり、さっそく荷を下ろした。座席の角度は90度に近く思っていたよりも座り具合が悪い。横になってみた。これも思っていたよりも短くて狭い。うまく体を折りたたまないとおさまりが悪い。頭の置きどころもうまく決まらず、肘掛けを使うととても硬くて痛い。あれこれ体位を変えながら、最終的にはザックから衣類を詰めたスタッフバッグを取り出して肘掛けのところに置き、枕とすることでなんとか我慢ができる体位がとれることがわかった。仰臥が疲れると側臥に、側臥に疲れると仰臥にと、時々体位を変換しながらなのでとうてい熟睡とはいかない。短時間の断続睡眠のせいで富山駅に着いた頃は夜勤明けのように頭はボーッとしているし、体も半分は我が身でない感覚であった。

有峰口行きの電車に乗った。歩き始めるまでに少しでも寝ておこうと目を閉じるがどうしても寝つけない。そうこうしているうちに有峰口に着いた。早く着きすぎた。バスの時間までまだかなりある。時間まで駅の待合室で寝ることにした。ベンチで横になるが今度は肌寒くてここでも寝つけない。まあ横になっているだけでもましだろうと諦めてころがっていた。

駅員のおじさんが待合室にきて掃除を始めたようだ。そして転がっている僕を見つけ「どこに行くつもりなのか」と尋ねた。折立から太郎小屋まで行くつもりでバスを待っているのだと答えた。この返答に返ってきたおじさんの言葉に、ぼんやりとして機能不全状態の脳に電撃が走った。眠気はすっ飛んだ。そしてそれは瞬時に行きどころのない絶望感のようなものに変わっていった。「折立行きのバスは先週の土曜日で今シーズンの運行は終わったんだけど……」

それでも必死に自分を立て直そうとした。

「折立まで歩いて行けばどのくらいかかりますか？」

「ここから歩いて行く⁉　……昼を過ぎるだろうな」

「タクシーならいくらぐらいかかりますかね？」

「1万円ぐらいではないかな」

僕の頭の中では、すでに山行ルートの変更をあれこれ考え始めていた。「以前に歩いた立山・剱方面にするしかないか。ここからではその方面しかないか。いやいや……。」

「有峰湖方面に毎日工事のトラックが入るから、頼んでみたら乗せてくれるかも知れない。頼んでみるといいよ」

おじさんは最後にこう言って中断していた掃除にとりかかってしまった。

どのぐらいの時間思案したか覚えていないが、僕の腹は1万円を覚悟していた。しかし、少しだけトラックの可能性に賭けてみようかとの迷いもあった。けど、トラックを拾うには勇気がいる。

「やってみるか！」今考えるとよくそっちを決断したものだと思う。初めての縦走への思いもあって必死だったのだろう。

おじさんが教えてくれた有峰方面へと向かう道路に出た僕は、恐る恐る向かってくるトラックに手を挙げた。数台が通り過ぎて行った。今度のがダメなら1万円だ、と今までよりも大きめに腕を伸ばして手を挙げた。減速したトラックは僕の前を通り過ぎたがその先で停車した。僕は駆け寄り、ドアを開け事情を話して頼んだ。

「いいよ。でも有峰湖までしか行かないけど」

「はい、それでもいいです」

ほっとした。胸に希望の灯が灯った。

運転手さんは、やさしそうな中年のやせ気味の人であった。折立から入り長野県に抜ける縦走のコースを話すと、そんな道があるのかと感心していたので、あまりというかほとんど山のことには関心がない人だと思った。あとはどんな話をしたかは覚えていない。ただ、運転手さんもあまりあれこれ話すほうではない人だったので多くの会話はなかった。有峰湖に着いて折立への分岐のところで下してもらった。せめて有料道路の料金だけでも支払おうと差し出したが受け取ってはもらえなかった。丁重にお礼を言ってトラックを見送った。

1時間余り折立への車道を歩いた。予定していなかった登りだが疲れも感じず気分はとても晴れていた。

真夜中の訪問者

山歩きを始めて初めて登った高山が加賀の白山であった。単独行であり、ちょっとした冒険であった。

5月の連休後だったと思う。購入した新しいバイクにリュックを縛りつけ一路白峰村に向かった。飛び込みで民宿に一泊。宿の女将さんは、僕が白山に登ることを話すと妙に心配げな表情で、「室堂にはこの前小屋番が上がったとは聞いているが、雪はまだたくさんあるはずだし……」と心配げな表情。こちらもちょっとばかり心配にはなったが、翌日の昼ごはん用のむすびを頼んで寝ることにした。翌朝、出がけに、何かのときにこれを持って行きなさいと民宿マッチ箱を渡してくれた。差し出されるままに受け取りはしたが、その時はどういう意味なのか考えもしなかった。後に考えると、遭難でもして行き倒れ、発見されたときに身元確認をするすべとしてだったのだろうか。ちなみに、この時の装備ははなはだお粗末なもので、靴はナイロンのキャラバンシューズ（もちろんアイゼンなどは持っていない）、綿のワークパンツにTシャツとトレーナー、薄手のジャンパー一枚といったもの。また非常食もわずかしか持っていなかったと記憶している。現に室堂は開いてはいたが食事の提供はまだなかったのである。そんなことも確認せずに登ったのだが、幸いに昼食用に作ってもらったむすびの食べ残しを夕食とすることができた。

途中出会った登山者は、男の人一人だけだった。室堂まではたどり着けないかもしれないが行けるところまで行こうと思っている、とのこと。その人を後にして登頂。室堂に下った頃はもう夕方であったが、その人の姿はなかった。その晩、数百人が宿泊できる小屋にただ一人泊まることになった。残しておいたむすびを食べ、寝床の端で毛布にくるまった。春なのにこんなに寒いとは思ってもいなかった。毛布を何枚も重ねてかぶりこんだ。疲れていたので一人である怖さもさほど感じず眠りについた。夜中に足の裏を誰かが触っている感覚があり目覚めた。「え！　え！　なに？」気味が悪かったが、そのうち足の裏のところに何かの動物がいることを確信した。足を大きく動かすとそいつは足元から逃げ去った。足裏の感触からそんなに大きな生き物ではないことがわかった。ネズミだろう？　ぬくもりを求めて毛布の中に入ってきたのだろう、などと考えながらもそのうちまた眠りに入った。

次は廊下で人の気配がするので目を覚ました。部屋の戸をガラッと開けたかと思うと、「ここではないか？」などと言いながら次の部屋にカンテラを向けて行ってしまった。え〜！　まさか午前に出会ったあの人が今頃？と一瞬思ったが、その気配から2〜3人のようなので違うようだ。しかし、なんでまたこんな夜中に山登りをするような人がいるんだ。なぜか、怖さよりも不思議な感覚であった。そのうちまたウトウトし朝を迎えた。

下山前に管理棟に立ち寄ったとき、小屋番の一人である若い男性から、夕べ誰か小屋に来ましたか？と尋ねられた。「時間はわからないけど誰かが部屋を覗いていきましたよ」と答えた。小屋番の反応は「そうですか」というようなあっさりしたものであった。なぜそのことを知っていて聞くのか、ぼくもそれ以上尋ね返すことはしなかった。下山中、なぜ小屋番が夜中の登山者を知っていたのか？　夕べのやつらは誰なんだ？　などと考えながら歩いた。そしてはっと思いついた。「あいつら、からかいやがったな！」そういうことに結論付けた。小屋番のいたずらだと。

山と老人

山登りの世界が中高年のものになって久しい。山歩きを始めてから20数年になるが、始めた当初はまだ学生の集団（部活）に出会うことがあったものの、近年ではめったに出会うことがない。時に4〜5人程度のパーティを見かけることがあるが、出会うほとんどの人たちはどう見ても中高年層の人たちだ。こんなことを書きながら、書いている本人もすでに中年層に入っており、周囲からみると間違いなく「山で見かける中高年」なのだが。近年、山ガールなるおしゃれな若い女性が増えているらしい。しかし、僕がよく行くマイナーな山ではほとんど見かけないので、僕の山の世界にはまだ存在しない。

さて、山で出会う中高年のなかでも高年、つまりご老人にもよく出会う。ご老人といっても様々だ。1月の伊吹山頂で、どう見ても70歳前後と思えるスキー登山者に会ったこともある。下山はもちろん滑るんだろうな？と疑ったものだ。

ご老人との出会いの中でも、今でも印象に残る二人がいる。一人は、鈴鹿で下山時に会った76歳のおじいさんだ。ちょっとした岩場などがあるハードなコース。頂上から20分ぐらい下りたところで前方の岩場を乗り越えてきたおじいさんから、頂上まであとどのくらいあるか、と尋ねられた。身づくろいは山の格好ではない。杖を持っているが、登山用のものではないようだ。単独行のようだ。立ち姿からはかなりお疲れの様子がうかがえる。「もうひと登りありますよ」と答えた。その後、内容はよく覚えていないが少し立ち話をした。年齢が76歳であることを告げられたことだけ覚えている。最後のあいさつを交わし歩き始めたおじいさんの後ろ姿を見て、よくここまで登ってきたものだと感じた。そして、この先が大丈夫だろうかと心配にもなった。午後3時を過ぎていた。後ろ姿に、なんとか夕暮れまでに頂上のゴンドラ駅までたどり着きますようにと願った。

もう一人は、冬の比良でのこと。あれは、近年のなかではかなりの積雪（スキー場の表示では2・5メートルとの表示があった）があった年だった。そのころ、毎年1月には武奈ヶ岳に登ることにしていた。まとまった積雪があって、天気もよく、満足のうちの頂上からの下山途中、一人のおじいさんとすれ違った。先方より「頂上に行って来られたか？」と話しかけられた。身だしなみは、今風の登山服ではなく、なんとなく仕事着っぽいものだった。ザックもかなり古いもののようである。登山者というよりどちらかというと農夫的な印象を感じる風貌であったが、とてもしっかりとした立ち姿で、素朴な感じの方だった。山頂に行ってきたことを手短に答え、その方にこれから向かわれることを問い返したかと思う。「今年74歳になるだが、雪が好きでな。雪が降ると、こうして来ているんですわ」特に笑みが見られたわけではないが、とてもおだやかでいい表情をされていた。そして僕は、まったく飾ることなく心の内をそのまま表した「雪が好きでな」という言葉を聞いて無性に嬉しくなった。僕もそうだからだ。74歳で雪山の単独行。一般的にはどうかと思える行動であるが、批判的な感情などは感じなかった。「お気をつけて」心からその後ろ姿を見送った。自分もあの人のように、老人になっても雪を見、感じるために冬山登りをやっていたいと思った。寒さも忘れ、満たされた気持ちで下山した。

雪山の親子

雪山を登り始めた頃、毎年1月には比良の武奈ヶ岳に出かけていた。当時あった八雲ヶ原のスキー場の積雪状況と天気を睨みながら登る日を決めて出かけた。武奈ヶ岳山行の目当ては3つあり、稜線の雪庇が描く曲線の美しさ、風雪が描く風紋の妙、そして木々の枝に生まれる霧氷のきらめきに巡り会うことだった。

その年もそれらを期待していそいそと出かけた。積雪は約150センチ。あいにく天気には恵まれず視界は20～30メートル。それでも霧氷や風紋を楽しみながらいつもの周遊コースを歩いた。南に延びる馬の背の稜線から鋭く切れ込む谷の底に降り立った時、前方に妙な動きの3人組のパーティを認めた。小さな沢を渡ったところで3人に追いつき、ようやくその妙な動きの理由がわかった。3人のうちの2人は1メートルほどの腰紐でつながっていたのだ。のちに母子だとわかった。前でリードする母の肩に両手を置いて歩いているのは盲の息子。母親は50代、息子は20代と見受けた。もうひとりはガイドかボランティアのようだった。

スキー場近くの雪原ならいざ知らず、こんなに奥に入ったところにこうした親子がいたのだから驚いた。母親の背には2人分はあるだろう荷物と息子の手。息子の足にはしっかりとアイゼンが装着されていた。母親は時々ピッケルで足元にある木の幹を叩いては息子が足に引っ掛けぬように知らせていた。また、母子は時々気持ちを鼓舞し、気持ちをひとつにするかのように「ホッ、ホッ、ホッ……」と声をかけ合っている。絆、一体感がひしと伝わってくる。

沢を渡り峠に上がるルート探しをしているところで合流した僕は、少しの間先導役を勝手にしながらちょっとした言葉を交わしたりしてその親子の様子を見ていたのだが、母親の足取りはとてもたくましく、その表情はとてもいきいきとして楽しそうであった。登りながら母親が話す話題は、過去にマッターホルン登山に挑戦したことやこの冬に上高地に行く予定、さらにはヒマラヤトレッキングの挑戦も考えているなどといったものだった。

途中、このパーティーは尾根筋の直登ルートを選んだので、ひとつ先の峠へ向かう僕はそこで3人と別れた。その後、親子のことが頭から離れなかった。下山後も、「ホッ、ホッ、ホッ」

とかけ合いながら歩く母子の姿や、充実感に満ちた顔で帰路の電車の座席（勝手に電車だと決めつけているだけだが）に座るふたりの表情が目に浮かんだ。

リョウカンさん

5月も半ば、常念から蝶ヶ岳を縦走し上高地に下った。最高の晴天に恵まれた。蝶ヶ岳の下りはくさった雪に足を取られながらも、槍から穂高に連なる山稜を眺めながら歩いた、まさに天空のプロムナードによって心は軽やかだった。明神手前で夕方になったため明神館に泊めてもらうことにした。夕食をいただいた後、寝る前にもう一杯やろうと思って再度食堂に向かった。男の先客が一人と宿のオヤジさんがいた。オヤジさんは何やら困ったような顔をこちらに向けている。男の様子のおかしさに気づくにはさして時間はかからなかった。ろれつの回らないしゃべりと特異な体の揺れ。いい塩梅、いやそれ以上に出来上がっている。まあいいか、と近くに席をとってこちらも始めた。すると案の定、その男はいい相手が来たとばかりに僕に話しかけてきた。尋ねられたのは僕の歩いてきたルートのことなどであったかと思う。昨日からの行程を答えると男は突然、「タブチユキオを知っているか」、と尋ねてきた。

「知ってますよ、田渕行男。写真集を見たことがあります」

そうすると男は、「タブチ先生はなあ〜、タブチ先生はなあ〜、写真はどこで撮るんだと言ったか知ってるか」ときた。

「どこですか」

「タブチ先生はなあ、写真は『ここ！』『ここ！』で撮るんだと言われたんだ。『ここだぞ』」と自分の胸を掌でたたきながら答えた。

「そうですかあ」「ところであなたは田渕行男とはどういう関係なんですか」

「おれは、リョウカン」

「えっ、良寛？」

「リョ〜カン！」

問い返すうちに、どうもどこかの寮の管理か何かの仕事をしている人なんだと推察した。だけど、田渕行男との関係については答えてくれずじまいだ。そんなやりとりの後、宿のオヤジさんのなだめもあってその場はお開きに。

男はその身なりから山登りに来ていたようには見受けられなかった。

翌朝、宿の宿泊客は2人だけだったのにその男の姿は見なかった。何をしに来た人なんだろうとは思ったが、宿のオヤジさんに確かめるのもどうかと思って宿を後にした。男と田渕行男の関係はわからずじまいであったが、このことがあって、僕は田渕行男に関心をもつようになった。そして、山岳写真のパイオニアとしてだけでなく稀代のナチュラリストであることも知った。知れば知るほどまったくすごい人だ。のちに安曇野の記念館にも訪れるほど興味を深めるまでになったのはリョウカンさんとの出会いのおかげである。

高雄山

郷里の隣市にある山で、田辺湾の向こうに連なる山々のなかの丸くなだらかな山容が特徴の山だ。この山に登った記憶がとても曖昧だ。高校生の時に学校の行事で登ったような気がするが、季節や山頂の様子などまったく覚えていないので確かではない。だけど、郷里を離れてから長い年月が経ったある日、夢の中で歩いたことがある。

かつて働いていた施設の住人に同い年の男がいた。成人ではあるが体は細くて小さな男だった。臆病で泣き虫だけどとても愛らしい奴だった。彼とはよく遊び、一方的ながら友達だと思っていた。彼は配膳室の洗い場にやってくるのが日課のひとつだった。目当ては洗濯機や乾燥機。僕たちがスイッチを入れるのを待ち、動き始めると回転する中を小刻みに垂直跳びをしながら飽きもせずに眺めていた。荷物用の台車を目にすると、すかさず突き押しては壁に何度もぶち当てていつまでも遊んでいた。激しい遊びも好きで、畳の上でそろりと大げさに投げてやると大喜び。怖さと背中合わせのスリルが楽しくて仕方がないという風であった。そうしたアクティブ感のあることが大好きだった彼だが長生きはできなかった。血液の病気を患い、あっけなかった。葬儀の日の早朝、誰もいない祭壇の前で両親が号泣していた様子が今でも目に浮かぶ。僕も弔辞を読むのが辛かった。

彼が死んで1年が経とうとしているとき、高雄山の夢を見た。山道の途中にある茶屋の前に彼がいた。彼は僕の方を見ることもなく山頂の方向に歩いていく。「ユキタカ！　ちょっと待て！」と声にならない呼びかけに、彼は振り向きもせずに遠ざかっていった。彼の1回目の命日間近の夢だ。高雄山とユキタカ、何のつながりがあったのだろう。夢はまったく不可解だ。しかし、今では忘れられない彼の思い出となっている。そして、いつか高雄山にもう一度登ってみたいと思うのである。茶屋などはあるはずがないが、あいつには会えるような気がする。

静かな山

頂上直下の斜面。カラカラと風に流れる落ち葉たちがこすれ合う乾いた音のするなか、足裏でクラッカーを食べながら歩を進めた。

あれはもう20年近く前になるだろうか。この山のちょうどその斜面で味わった、霜柱の感覚。サクサクと足裏で踏み砕くこの構造物は、おおよそ5センチメートルにおよぶ一夜の出来事。記憶に残るこの山は「霜柱の山」であった。

トンネル工事のため、県境の峠に向かう道路の通行止めに遭って急遽行き先を変更して選んだ山だ。奇しくも、昔登った同じ時期に登ることになった。

登りはじめはわずかに残っていた記憶どおり杉の植林が続く。なんとなく面白くない。しかし、狭いながらも周囲を遮るものがない山頂からの景観を期待に歩を進める。

七合目ぐらいだろうか、山腹の斜めの斜面を登りきり、平らな部分で突然に川音が聞こえてきた。植林帯にはいい加減にうんざりしていたので、音のする方に向かって脇道を少し下ってみた。山のかなり上部にあって、幅が狭いながらもかなりの水量で流れる沢であった。少し気持ちが柔らかくなったと同時に、前回の山行でこの沢筋を下って下山した記憶がよみがえった。しばらく水の流れをぼんやりと眺めたのち、元の道に引き返し山頂を目指した。

山頂直下の広い谷一帯は雑木である。すでにその葉は枯れ落ち、時折雪の混じる横風に舞っている。山頂を踏みしめる頃は横殴りの風雪が激しく、景観の賞味もそこそこに引き上げることにした。下りの足で踏みしめる霜柱は、ちょうど着地にクッションの役目をしてくれるので膝にやさしい。それに、なんとなく登りの時より、踏み砕く響きが体全体に心地よい。

川音のする平地から下はまた植林帯歩きだ。しばらく歩いて気がついた。静かである。そういえば登りの時も鳥の鳴き声ひとつ聞いた記憶がない。今日の最初に出会った音が川音。それに枯れ葉の「カラカラ」と霜柱の「サクサク」。山頂では風の音も聞かなかったように思う。覚えている音はたったの3つ。

こんな静かな山行もめずらしい。

早朝の山頂

山頂はガスに覆われ、白んできた東の空もぼやけた白いスクリーンとなっていた。夜中に起きてまで来た目的のご来光は拝めそうにない。落胆する気持ちに拍車をかけるように期待する色のない明るさが頭上一面に広がっていく。

その時、前方下方の切り立った断崖をまるで生き物のように駆けあがっては越えていくガスの塊が目に入った。ガスは次々とほぼ垂直に近い断崖を湧き上がり、なめるようにその頂を越えていく。意志の存在が感じられる生命体の動きだ。

予定の時刻を20分ばかり過ぎていただろうか、ガスの向こうで輪郭がはっきりとした予想を超えた大きさの円が現れた。「なんやお月さんみたい」と同行者がつぶやいた。その直後、周囲上空にかぶっていた薄い雲たちに光が当たり、頭上一帯の様子を目の当たりにすることができた。南方から塊や筋状の白い雲が、僕たちが立っているこの山頂や前方の尾根に向かってやってくる。今度は、驚きの声に目をやった南東から大きな半円を描いた雲が手前に大きく大きく向かってくる。「ドーム!」と思わず口にした。巨大なドームは僕たちをのみ込むようにして消えていった。またも同行者の「カモメがきた!」見事なまでに半円の端がつながったカモメがどんどん大きくなって北方の上空に溶け込んだ。

朝日と風とガスのいたずらはこれだけでは終わらない。次々と雲たちが越えていく頂上の上空では、その雲の曲線が折り重なるようにして円を描いている。しかもそれらには微妙な光が当たり、やや怪奇を感じるほどの幻想的な空間が出現していた。頭の中に「時空」という言葉が浮かんだ。時空の裂け目。あの向こうには違う世界がある。そんなことを真面目に考えさせる空だった。オーロラもこんな感じなんだろうな、と思った。また、それまで前方と上空ばかりに目を奪われていた僕たちは、後方、すなわち雲が頂を越えた先の世界を見て驚嘆した。後方は北に続く峰々との間が巨大な谷となっている。その視野いっぱいに広がる谷の中にちりぢりに広がった雲の破片たちが次々と吸い込まれていくのだ。巨大な谷が、雲を空気ごと、いや空間ごとあっという間に吸い込んでいく。あっけにとられるほどの巨大な吸引の光景である。しばらく目を離すことができなかった。「ブラックホール」頭にはこの言葉が浮かんでいた。

山登りをやって久しいがこんな光景に出会ったことはない。高山の頂で眼下に漂う雲海を見ることはあっても、激しくうねるそのただ中に身を置いたことは初めてである。深夜に起きた身体のだるさもすっかりと吹き飛びどこかに吸い取られていた。

空想に遊ぶ II

大日

大日様の柔らかい曲線と
絹肌の胸が艶めかしい
それにしても
ふとどき者がいるものだ
早乙女の乳房を
滑り台にするなんて

雪のクリーム

お湯の中で
石鹸をスポンジで泡立てるんだ
さぼってはいけない
きっちり20分は泡立てないといけない
根気よく　根気よく
そうすると
こんなにきめ細かくて
なめらかな泡ができるんだ
嘘だと思ったらやってみるといい

それにしても、誰の仕業だろ
こんな森の中で
気持ちよさそうだけど
ちょっと艶かすぎて
手をつけるには躊躇ってしまう

入道

東の雪原の向こうには
大入道の頭が見える
今にもにょっきり
からだを現しそうだ
そばには近づかないほうがいい

一歩

どうだ
強く強く念じれば俺たち木も
一歩を踏み出せるんだ
見てくれは悪いけどな

確かに此処は景色のいいところだ
南北のアルプスがいつでも眺め放題
けど、枯れの周期の冬にはこの有り様だ
もう烈風に耐えるのはごめんだ
タテガミの箔なんてどうでもいいよ

そこのお前ももう少し念じてみな
踏み出せるかもしれないぞ
ただ、俺の一歩は10年はかかったがな

いざゴンドラへ

ひゃっ　ひゃっ　ひゃっ
おまえたち
いそいでついてくるんだよ
今日は
活きのいい人間が
どっさり上がって来るんだから
日が傾くと
手遅れになるからね
人間を
ぎゅうぎゅうに詰めた籠が
止まってしまう
さあ　いそいだ　いそいだ
ひゃっ　ひゃっ　ひゃっ

生き物との出会い

凪まかせ

比良山に登った。11月だというのに尾根筋には数センチの雪が積もっていた。晩秋の積雪は時々見かけることがある。うっすらと雪をかぶった比良を平地から見るのが好きだ。この時期のものは大方は数日のうちにすっかり消えてなくなるのだが、やがておとずれる本格的な雪に思いを馳せ気持ちが高ぶるのを覚える。

その日は空気が澄んでおり、サクサクと踏みしめる雪の感触を体全体で感じながら尾根筋を歩いた。広大な琵琶湖を見下ろし、鈴鹿の向こうまで広がる空間に精いっぱい皮膚の感覚を広げることができた。満足のいく山行だった。

帰路は、往路と同じく小女郎峠から琵琶湖に向けて一気に下る谷筋を歩いた。深く切れ込んだ谷筋でふと見上げた視界に一筋の光の線が飛び込んだ。それは、谷の上方に向けてやや斜めになった一本の上下の線で、ゆっくりと谷の上方に流れていく。2〜3メートル、いやもう少し長かっただろうか。また、ずっと光っているというのではなく、太陽の光線に照らされて、時々その一部分がきらりと点滅するかのように光っていた。きれいで不思議な光景だった。

その後も下山の途中で幾筋もの光の線を見つけた。いずれも谷の上方に向けて中空を上昇していく。何本目かを確認する頃には、その正体の見当はついていた。以前テレビのドキュメント番組で見たことのある蜘蛛の糸だ。時季になると、自分の出した糸を翼代わりにして移動する蜘蛛がいる。草木の先にまで登りつめた蜘蛛はおしりの先を上空に向けて勢いよく糸を放射する。風に舞い上げられた糸にかかる引力が程良くなるのを待って、蜘蛛はしがみついていた草木から一気に8本の足を離す。瞬間、その体は大空に吸い上げられる。行き先は風任せ、という移動手段だ。

ああ、これがそれなんだ！と初めての経験に興味と感動を覚えながら幾筋もの光を上方に見送った。それにしても谷から尾根に吹き上げられた蜘蛛たちは、その先どこをどのように辿りながらどこに行き着くのか。行き着いた先が大海のど真ん中というようなことはないのだろうか。それとも、ある程度の着地点の見込みでも持っているのだろうか？ いや、まさかそこまでの計算なんかできはしないだろう。一発賭けの人生、いや蜘蛛生か。

今秋も、大空での空中遊泳の先に待っている楽園目指して、今頃、無数の蜘蛛が飛び立っていることだろう。

オトシブミ

手紙を書くことは苦痛である。ちょっとした連絡事や伝言などのように要件がはっきりとしたものはそうでもないが、特に目的があってないようなもの、ごあいさつ、親交上のものなど、書くことはほとんどない。何かの理由で書かねばならない時には、とても気が重く作業にもなかなか手がつけられない。普段からやらねばならない物事はたいていさっさと片付けてしまう方なのに、こと手紙となると愚図になる。毎年の年賀状も年越しはざらである。文章を書くことについては、若い頃は大変苦手で、その頃の表現、まとめ方などはお粗末そのもの、今にしてみればとても読めたものではない。しかし、近年になりさほど負担は感じなくなったし、こうして雑文を書くことを楽しめる?ようにもなった。しかし手紙となると別だ。手紙の苦手は、たぶん、疎遠になりがちな人などに直接様子を伺ったり、気持ちを伝えたりすること、さらには距離はあっても付き合い自体に負担を感じてきたからではないかとも感じている。そういう風なので私的な手紙というものは近年ほとんど書いていない。必然的に受け取ることもごくわずか。それでいいとも思っている。だけど、ごくたまに受け取る手紙があると妙にいそいそわくわくとして手紙を開く自分も確かにいる。

さて、去る5月の中旬のこと。いつもの散歩道。森の林道の曲がり角で垂れたコナラの枝に数個の小さなチマキを見つけた。初めて見るものだったが正体はすぐにわかった。テレビ、図鑑で見たことのある匠の虫の仕業だ。枝から垂れる葉の上部数ミリを横一直線に残し、中心葉脈一本にぶら下がる下部は匠の技で見事に円筒形に巻かれている。葉のみずみずしさからすると昨夜か昨日の仕事であろう。すぐ隣の数枚の葉にも同じものがぶら下がっている。虫の名前の由来は江戸の昔。手紙を他人に知られないように渡すがため、筒状に巻いて落としてやりとりしたことからのものだとか。この虫の仲間には完全に葉を切り取って地面に落とすものがいるのでこの名前がつけられている。しかし、この日発見したもののように、地面には落とさず枝先に吊るしておく方法をとるものもいるようである。もちろんこの虫の作る円筒に入っているのは誰かに渡す文ではなく、いずれも遺伝子という暗号文である。それにしても見事な仕事ぶりであり洒落たネーミングである。

盛夏の手前、久しぶりにそこを通った際に張り出した枝々の先を確認してみた。ひとつだけ残っていた。約束の受け取り手が何かの事情で来られなかったのだろうか。その色はすっかりと枯れていて何かさびしげでもある。

そしてまた、夏の終わり。そのひとつも枝先に認めることはなかった。ほっとするようなさびしいような。

しかし、同時にたくさんの新たな文を見ることもできた。ナラの枝のあちこちにはそれ自体の遺伝子の小さな粒が結えられているのだった。

さる

比良で

それは突然のことであった。カナクソ峠からの下山中、急な下り坂を終え、あとは緩やかな林道を下るのみという時、曲がり角でふと視線を前にやるとそいつが座っていた。けっこう大きい。とっさに、「目を合わせてはやばい!」と感じ、そいつとは反対の方向を向いたまま通り過ぎることにした。お互いの距離はおおよそ3メートルといったところか。かなり緊張しながら通り過ぎたのだが、幸いにしてそいつのアクションはなかった。ほっとしたと同時に妙に嬉しさもあった。山登りを始めてまだ浅い頃だったので、野生のオヤジに真近で出会ったことがちょっとした感動であった。

鈴鹿で（1）

霊山を登った帰りだった。車で集落手前の道路を走っていると、左前方の畑に野良仕事をしている人を認めた。その格好から、集落のおばあさんが前かがみで草取りか何かを植えているんだと思い、その光景に何かしらしみじみと感じ入るものがあった。しかし、次の瞬間、ハッとしておばあさんを確認しなおすことになった。ヤツだったのである。前かがみに見えていたおばあさんは、大きな霊長類だった。それにしても大きい。驚嘆しながらヤツの横を通り過ぎた。

鈴鹿で（2）

この山ではよく奴らと出会う。周辺を生活圏とする群れが住み着いているのであろう。登り口からすぐにある山腹の斜面の廃村（お寺と畑と水場だけが残っている）で、入山しょっぱなから出会うことが多い。樹上のあちこちにいる。

この山で今でも印象に残っている出会いがある。たぶん同じ群れであろうが、その廃村からひと峰越えた反対側の下山道で見つけた集団だ。妙な鳴き声がしたかと思ってその方向を見ると、谷を挟んだ斜面を奴らの群れが這い登っているところであった。そのなかの何匹かは、小さな子供を抱えた雌猿であった。なにやら鳴き交わしながら懸命に子供を抱えて斜面を登っている。おそらく、こちらの人類の群れに気づいての行動であったのだろう。季節は晩秋。うっすらと雪が地面にかぶっていたかと思う。これから厳しい冬を迎える。幼子とその子らを抱える母猿を見ていると胸の内が熱くなってきた。「頑張って生きろよ」とつぶやいた。

それまで、奴らに対してはあまりいい感情を持っていなかったが、この光景を見た時から少しばかりだが愛情のようなものを感じるようになった。

上高地で

ここ数年来、いつか行ってみたいと思っていた冬の上高地。ようやくこの冬に行くことができた。スキーを履き明神の少し先まで周遊した。幸いに、朝のほんのわずかな時間ではあったが、西穂高から奥穂高、前穂高、明神岳に至る真っ白な岩峰群を真っ青なスクリーンを背景に拝むことができた。

帰路、大正池のほとりを歩いている時、道端の木の一本に奴が座っているのを見つけた。座っているというより、木の枝の二股のところに「とまっている」といったほうがその様子を表すのに合っている。体は大きくはない。まだ若者のようである。ずっとうつむき加減で、その後ろ姿はさびしい。周りには仲間がいない。「おまえひとりか?」と呼びかけてみた。少し顔をあげるが、すぐにまたいじけるようにうつむいてしまう。「ひとりなのか?」もう一度呼びかけてみる。今度は体の向きを反対に向けじっとしている。座り直した姿もまたさびしい。群れの中で何か大人に叱られるようなことをしたのかもしれない。反省と後悔の念に浸っているのか、などとその姿から勝手な解釈をした。そして、声には出さなかったが、若者、がんばれよ！とその場を去った。

鹿

御池岳で

真冬の峠での休憩時、突然、座っているすぐ脇を黒くて大きな獣が雪を蹴散らして走り抜けた。瞬間であったが頭部に大きな角を認めた。野生との出会いは往々にしてこんな具合が多い。野生は、じっくりその姿を観察させてくれるようなことがないのは当然である。しかし、瞬間の出会いはそれだけに興奮の度合いは大きく、印象度も深い。

しかしこんなこともあった。雪の鈴鹿の台地のことだった。台地の一角の山頂で簡単に食事を済ませた後、あたりの景観を楽しんでいた。これだけ一望できるのだからシカの1頭や2頭絶対に見つけられるかもしれない、と雪の台地の林に目を凝らしていた。いた！　ゆるやかな谷間から斜面を登っている一頭を見つけた。遠くなのでこちらに警戒はまったくしていない。林の途切れ目にくるとよくその姿が見える。その一頭が上方の林の影に入ってしまった後、もう一頭がそのあとを追って駆け上がった。3頭目には若干小さな体型のものが一緒だった。子供に違いない。よーく見るとその下の谷の林の中にまだ何頭もいるのが見えた。いったい何頭くらいいるのか、数えることにした。幸いにして、その後に続くものはみな同じ林の途切れ目のところを登るのではっきりと数えることができた。その数、なんと24頭を数えていた。こんな数を見るのは奈良公園以外では初めてだ。最後のものが上方の林の中に消えていくまで、じっくりと観ることができた。こういう出会いもあるのだ。瞬時の出会いとはまた違った印象に残る出会いであった。

霊山で

1月の霊山。台地状の広い山頂はあいにくのガスと細かな雪によって視界が悪く、いくつものピークで構成されるやわらかい雪稜とその周囲に広がる景観は拝せなかった。

予定の周遊コースをたどり下山。霧氷をまとった木々の美しさを除いて少し残念な山行だった。

急な下り道も終え林道に出た。雪中の歩行の疲れもあり、ひたすらスライドさせるスキーの先端を見つめながら黙々と歩を進めていたその時、うつむき加減の視界に突然、真っ赤な地面が飛び込んできた。林道は雪の白一色。強烈な赤で生々しく鮮やかだった。そして視野を広げた次の瞬間、赤の周囲に数人の男たちを認めた。恐怖はなかった。すぐに事をとらえることができたからだった。男たちはみなオレンジ色のベストを着ている。そして、次の瞬間、ぼくは言葉を発していた。

「シカですか？」

「…しか！」と一番手前の男が答えた。

男たちの足元のナイロン袋にはシカの身体が入っているようで、そのひとつからは1本の脚が出ていた。仕留めたシカを解体し皆で分配を終えたところだったのだろう。少し目線を先にやると、利口そうな犬が2匹男たちの後方におとなしく座っていた。

違う男が聞いてきた。「上の天気はどうだった？」

僕は、ガスと雪でダメだったことを話した。

男は、「もうこの時期だとだいたいそうだろうな！」と僕にではなく自分自身に言うような口調で返した。そして、僕から関心を離したようだ。

ほんのわずかなこんなやりとりの後、男たちの間を抜けて林道を再び下った。不意の出来事にも関わらずあまりに平静であった自分を不思議に思った。しかし、雪上の鮮烈な赤は今でも脳裏にはっきりと残っている。

カモシカ

空木岳。なんとも響きがいい名前だ。仕事の後、夜中に車を走らせて駒ヶ根の登山口に着いた。仮眠をとり早朝から長い道のりを歩いた。尾根に出る手前の薄暗い木立の登山道。右に鋭く折れる角を曲がった時、正面にカモシカがいた。距離はわずか2〜3メートル。驚いた。しばらく目と目が何かでつながっているかのように見合っていた。こんな間近に遭遇するなんてことがあるのだ。こちらは動揺が目に出はしまいかと、とにかく落ち着け落ち着けと意識した。しかし、先方はなんとも平静そのものだ。その眼からは驚きも怖れも感じられなかった。こういう場面はえてして長く感じるものだろう。実際はほんの数秒であったはず。先方はその後、視線をそらし悠然と藪の中に姿を消した。まったく肝の据わったカモシカもいるものだと思った。

5月の白山。その日はまだ、市ノ瀬と別当出会い間は除雪が済んでおらず長い車道を歩かねばならなかった。小屋での一泊後、天気に恵まれた山頂を踏み、一気に下山。市ノ瀬までの車道を下る途中、この時も大きく右に曲がるカーブでの出来事であった。5〜6メートル前方のガードレールから突然、カモシカの頭が現れた。目と目が合った。大きく見開いた目にはおかしくなるぐらい驚きが表れていた。そして、頭は瞬時に消え去った。滑稽なマンガの一場面のようであった。すぐにガードレールに近づいてその向こうをのぞいてみたのだが、今度は僕がたまげてしまった。15メートルはあろうかというコンクリートブロックの垂直に近い崖だったのだから。周囲に木などはなく足掛かりとなるものはブロックのわずかな凸面のみ。ガレ場を苦にしない動物であることは知っていたが、こんな崖まで駆け降りることができるんだと、その能力に驚嘆するしかなかった。

それにしても空木の奴とは正反対。野生もいろいろである。

オコジョ

急な斜面を登り終え、ゆるい傾斜の樹林に出た。うつむいた顔を上げたその瞬間、その狭い視界の雪面を何かが横切った。色らしい色は認められず、ただ何かのすばやい直線を感じた。しばし立ち止まり、そのものが隠れた木立の根元に眼を凝らした。すると、それは根元の穴から飛び出たかと思うと、僕のそばにある木立の根元に走り込んできた。20センチほどの白く胴長の生き物。正体がわかった。

今度は、身を隠した穴から上体を乗り出し、こちらをじっと見つめる。白い冬の妖精。かわいらしく愛らしい目とその表情。夏のそれとは何度か出会ったことがあったが、冬毛に生え変わったのを見るのは初めて。

正面で向き合い目が合った。しばらく見合った気がしたが、ほんの1、2秒のことだったかもしれない。こちらに気づいた妖精は、あわてて斜面下方の木立へ、そしてまた遠くの木立の方へと消えていった。今回の山行は8割方が人工ゲレンデの登り。おまけに山頂近くはホワイトアウトの状態で、上部の僅かを残して引き返すことになる始末。ほんの僅かな妖精との出会いの瞬間が情緒少ない山行に潤いを与えてくれた。

ねずみ

久しぶりに雪山に登った。今年登る初めての山である。今冬はまだ積雪が少なく、中腹まではまったくと言っていいほど積もっていなかった。

コースは、崩壊が進む谷筋の道に代わり尾根を急登する形で付け替えられていた。その尾根を登っていくと、上方から数人の話し声が聞こえてきた。どうやら休憩をとっているらしい。登り口にマイクロバスが一台止まっていたので、そのパーティだろう。パーティの連中はすぐにまた登り始め、その場を後にした。少しして、その場に登り着くと、わずかに平らなスペースがあり、自分も小休止をとった。ザックを背負ったまま水を飲み、息を整えさあ登ろうとしたとき、ほんの1メートルあまりの先の枯れ葉の中で動くものが目に入った。小さな小さなねずみである。そおっとしゃがんでよく見ると、鼻の先からお尻までで5センチあるかないかの大きさである。無心に枯れ葉の中の何かを探している。食べ物であろう。しゃがんだ姿勢で少しバランスを崩して動いてしまった。先方はこちらの存在に気づいたようだがまた黙々とあたりを物色し始めた。しばらくその様子に見入っていた。まことにかわいらしいねずみである。無心に食べ物を探しまわる動作、また動きを止めて頭をすっと上げてあたりを見まわす仕草、実に愛らしい。癒される想いだ。

それにしても、ほんの数分前まで十数人が休憩していた場所であり、しかも1メートルの距離で観察されていても逃げないとは。野生の動物にしては鈍感すぎる。他の捕食者に遭えばひとたまりもないだろう。

少しの心配を持ちながらもその場を離れた。また急な尾根道を登りにかかったその時、今年がねずみ年であることに気づいた。

福ねずみでありますように。

ウサギ

初夏の仕事帰り。公園内の野球場を過ぎると陸上競技場がある。時間は夕の7時頃になっていたかと思う。帰宅を急いでいてその競技場に差しかかったところで前方に座っているウサギが目に入った。ウサギはじっと前方を見つめたまましばらくこちらに気づかず、すり鉢状になった競技場の土手の縁から内側を見つめていた。何かを思案していたかのようにも見えた。その姿が面白かったのでしばし観察しようと立ち止まったのだがバランスを崩して状態が前のめりになった。その瞬間ウサギはこちらに気づき後方の植え込みの中に走り去ってしまった。

上体を立ててちょこんと座り微動だにせず競技場を見つめている。かわいくておかしな光景でもあった。

ウサギがいた所を通り過ぎる時、はたと思った。あいつは、トラックを見つめていたんだ。走ってみたかったのに違いない。

カメ

天気のよい春の朝。いつもの散歩コースにある池に立ち寄ると、珍しく澄みきった水に池底がくっきりと見えていた。一本の沈んだ倒木の枝間に2匹の子亀が向き合うようにしてその頭をもたげたたずんでいる。何をしているのか。また、倒木の幹にはからまるように数匹のやや大きめのカメの姿も見える。「亀のなる木か」とひとり言。

先ほどの子亀に目を戻すと、まだ身動きもせず池底にくっついている。しばらくこちらも身動きせずに眺めているうちに、「そういうことか！」とひとり納得をする。水中での甲羅干しだ。不順で寒かったこの春での久しぶりの暖かい日差しである。池底に差し込む日差しに、夜の間に冷えきった体が温まるのだろう。それで手足だけでなく首までしっかりと伸ばしているのだ。これだと外敵に襲われる危険性も少なくて、温まることができる。亀は水中でも甲羅干しをするのだ。といっても甲羅自体は乾きはしないんだけれど。

違う池でのこと。山の方から流れてくる水を池の手前で低い堰が止めて溜まりを作っている。一匹の亀が池からせかせかとあわただしく泳いできて、堰を這い上がろうとしていた。よっこらしょっと。ようやく這い上がり、溜まりに泳ぎ出たかと思うと、あわてふためくようなあわただしい動作で円を描き泳ぎ、もとの池に落ちるように戻って行った。その後を追って堰を這い上がってきていた後続の2匹も同じように、溜まりに泳ぎ出てはすぐにUターンして元の池に戻っていく。滑稽であり不思議でもあった。溜まりの先に何か危険があるのかと、覗きやるがこれといった生き物や物は認められない。位置的にこちらの存在に気づいたが故の行動ではないはず。あんなに一生懸命這い登っていたのに、なぜそんなに急いで戻ってしまうのか。そもそもなぜ堰を這い上がろうとしたのだろう。しばらく考えてもわかるはずもなく、こういうことにしておこうと決着させた。気まぐれな戯れだったんだと。

カワセミ

「チッピー」鋭い鳴き声を耳にすると、すかさず音波の発信源である川面の方に目をやる。その方向を確認する視野の内には、水面すれすれをまさに弾丸のように滑空する光の球を認めることができる。それも、朝夕の斜光にうまく照らされる条件では、まるで異次元から突如として現れたかのようなエメラルドグリーンの光球が空間を切り裂くように走っていくのである。角度によっては、コバルトブルーやオレンジなどのきらめきも加わり、宝石のごとく光をはね返している。飛ぶ宝石とはよく言ったものだ。また、ほかに例えるなら、きらめき光る最新鋭の戦闘機だ。滑空、旋回、ホバリング、まさに高性能マシーンの機能を持った宝石である。

この鳥に魅かれたのは、近くの川でたまたま出会ったことがきっかけであった。図鑑などで目にはしていたのだが、そんなに身近に存在する鳥だとは思っていなかったこともあり、初めての出会いはちょっとした感動だった。護岸をコンクリートで固めた、大きな水路のように化した川にまさかあのような鮮やかな鳥が棲み着いているとは思いもせず、驚きでもあった。初めての遭遇時は、ほんの瞬間的なものであったが、そのうち遭遇を目的に周辺を歩くようになったこともあり、飛翔だけでなく水中へのダイビングなどの場面も観察できるようになった。時に、ダイビングの後に木の枝先に戻った嘴に銀色にはね躍る小魚を認めた時などは、しばらく興奮状態が続いた。また、川の流れからかなり離れた木の枝で2羽が互いに鳴きあう光景にも出会った。警戒を伴ったいつも耳にする鳴き声ではなく、甘さをも含んだやさしさを感じる声からして、おそらく、求愛の最中であったのだろう。新鮮な貢ぎ物は済んだのかこれからだったのかは定かではない。

このカワセミとの出会いをきっかけにして鳥への興味が広がり、「バードウォッチング」なるものに目覚めることになった。そして、それまで山の景観しか撮らなかったレンズの向く対象も鳥たちに向かった。高倍率のレンズを付けて鳥を追った。もちろんカワセミは、その一番の対象である。それを被写体に捉えた時は、気持ちを静めることに努力しながらシャッターに指をかけたものである。まったく満足には至るレベルのものではないが、何枚か撮れた。しかし、この撮影の行為は、著名な動物写真家による写真集を見たことでその意欲を失った。鳥の大きさ、色の鮮やかさ、生態がわかるいろいろな行動場面、なかでも川面中空におけるホバリングや水面下での採餌の瞬間が克明に捉えられているのを見て、驚いたと同時に嫌になったのだ。もちろん、嫌になったのは、自分が撮っていた鳥たちの写真であり、稚拙な撮影技術と行為そのものに対してである。あっさりとやめた。写真はプロのを見ればいい、と。

それからもう何年も経つ。鳥への関心はなくなったわけではないが、よく行く散歩先で目にする鳥も見慣れたものが多くて、さほど感動することもなくなった。しかし、先日出向いた公園の小川で久しぶりに遭遇したエメラルドグリーンの小さな戦闘機からは、魅せられ始めた当初の感動がよみがえった。おまけに、その直後には、見事なダイビングと躍りはねる銀魚を嘴にしっかりとくわえた勇姿をじっくりと観察することができた。

オオルリ

春の陽気のなか、若葉の芽吹きまぶしい新緑の森。緑の木々を突き抜ける枯れ木のてっぺんでオオルリが囀る。その高くて乾いた囀りを聴いていると、なぜか「未来」という言葉が思い浮かんでくる。それもとても軽やかで、沈んだ気持ちも吹っ切れるような楽天的な未来だ。

メジロ

この時期になると木々の枝先から葉っぱが落ちていくせいか、小鳥たちの群れをよく目にする。渡りの時期でもあり、大陸からやってきた鳥たちがあちこちで囀るからかもしれない。

小鳥たちの群れには、時に、違う種類の鳥が混じっていることがある。メジロもそうした小鳥のひとつである。カラたちの群れに混じって、なんとも甘えたようで愛おしく情緒をくすぐる鳴き声をかわしかわし木々を渡り飛んでいく。大きさといい、体色といい、まことにかわいらしい鳥である。時に、これからの時期に見かける羽毛をむっくりとふくらました様には、思わず手に取り頬にすりあてたい衝動に駆られるほどである。

故郷の南紀は、メジロの多い土地である。子供の頃、兄がメジロを飼っていた。当時、故郷あたりはメジロの飼育がちょっとしたブームになっていたようだ。容姿はさることながら、その澄んだ美声を聞かんがための飼育である。今も、これへの魅力から飼育を趣味にしている人たちが多くいるのを聞くことがある。当時から、飼育には「鑑札」が必要であった。「カンサツ」なるものの意味が十分に理解できていなかったが、なんとなく飼育の免許札というものをイメージしていた。また、兄がその鑑札を持っていたのかどうかも覚えていない。さらには、今ではほんのわずか聞くだけでもそれとわかる鳴き声も覚えていない。覚えているのは、兄が、大根葉などを擂り鉢で擂り下ろしてペースト状のえさを作っていたのを真似て擂りおろした時の青臭い匂いと、近くの山林にメジロ捕りに連れて行ってもらったことぐらいである。

　メジロ捕りは、鳥もちを使っていた。すでに飼っている竹籠に入れた鳥を囮として適当な木の枝に吊るし、その近くの木の枝と枝の間に鳥もちを巻きつけた木の枝を渡しておく。囮の鳴き声に呼び寄せられた鳥が、運悪くその渡した枝にとまれば足が離れなくなる、という仕掛けである。だいたいは、枝は回転して鳥は逆さの宙づり状態になる。また、逃れ羽ばたく翼にも、容赦なく鳥もちがまとわりつき身動きが取れなくなる。そうした場合、兄は、何かの薬品でもって、羽から鳥もちを拭き取っていた。けっこう、荒っぽい捕獲と言えなくもない。ただ、幼い僕にはそんな感覚はなく、「そうするものだ」という理解と、なによりそうした場に連れて行ってもらえることがとても嬉しかった。いま、僕は鳥を飼おうなどとはまったく思いもしないが、メジロを見かけたときには、よくこのメジロ捕りに行った時のことを思い出す。

　もう間もなく、冷たい風が顔をさす季節がやってくる。団子状に身を膨らませたメジロを早く見たいものである。

忍者鳥

「ギーッ！」どう聞いても上品とはいえず、耳触りもよくない鳴き声で、「私はここよ」と言わんばかりに木々を移り渡る。この声だけをすれば、とても「忍び」とはいえない移動なのだが、その「忍び」としての真価は、移った木々の上で示される。垂直の幹、太さに関係なく、その身の縦、横、斜めを問わず自由にとまることができる（たいていは、縦にとまるようだが）。「木にとまる」この表現がぴったりとくる動作である。しかも、その後の動きが、また「忍び」たるところである。クルクルと螺旋状に幹の周りを回りながら上方に移動していく。とまった後のこの動きは、見る側からすれば着地と同時に身を隠す「忍び」の基本動作。

この巧みな動作の持ち主は「コゲラ」。世界最小のキツツキだ。体色は、ほかのキツツキのように鮮やかなアクセントもなく、忍びの者らしく白と黒。その市松模様のような羽衣をまとった小さな体と身のこなしは、地味ながらも惹きつけるものがある。小鳥のなかでもっとも愛らしさを感じる鳥である。

カラス

カラスはどこにでもいる。自宅でも時々軒下まで侵入しゴミ袋を破ってしまったり、人がいるのに平気で頭上の波板の上を歩くこともある。ゴミ荒らしや、時として人への攻撃を示すので多くの人は彼らを嫌っている。また、その行為だけでなく、元来その全身真っ黒である容姿によって感じる不吉さ、不気味さ、邪悪さなどの人が持つ勝手な印象によって嫌われがちなのであろう。

近江平野の三上山周辺にもたくさんのカラスが棲んでいる。季節的なものがあるのかどうかわからないが、時々、半端な数ではない大群を見かけることもある。何度か見かけたその大群の飛翔は、夕刻に南の方面から三上山をめがけて飛んでくるもので、上空一面を埋め尽くさんばかりの数である。その様はヒチコックの「鳥」さながらで、不気味で恐怖すら覚える。それにしても、滋賀県中のカラスが集まったかと思えるほどの数が三上山をねぐらにしているとは思えない。渡りの最中で一夜の宿にしているだけなのだろうか。そういえば、ローレンツの「ソロモンの指環」に、飼育中のカラスが渡りの連中につられて行ってしまいそうになる場面があった。種によってはそういう連中がいるのかもしれない。

ある日の職場からの帰り道のこと、林の縁を歩いている時、唐突に後方でおじさんのような低い声で呼び止められた。呼び止められたといっても、すぐにそう捉えたのではなく、声を聞いた後に数歩歩いたところで「うん？　だれだ？」という感じでかけられた声を認識した。何と声をかけられたのかもわからなかった。そして、今しがた通り過ぎた後方の林を振り返ってみたが、声の主らしき人は誰もいない。そのまま立ち止っていると、また声がした。今度は、意味はわからないが声自体ははっきりと聞き取ることができた。「ア～　ア～　ア～　ア～」「ア～　ア～　ア～　ア～」抑揚をつけながらもそれを抑える感じの低いガラガラ声で繰り返された。声の方向を見上げた時、おじさんの正体が判明した。細くくねりながら伸びた松の上方の枝に一羽のカラスが止まっていた。そして、またおじさんはしゃべりだした。よく見ると、周囲の枝に4〜5羽が止まっており、そのなかのカラスもおじさんの話しかけに応えるように声を出した。会話している。間違いない。そして会話はもっと活発になっていった。こちらの存在は気にも留めていないようである。

しばらく聞いていてその場を離れた。そして帰る道々会話の中身を想像していた。

「お前、今日はどのあたりに行ってたんや？　今日の獲物はどうやった？」「おれは今日は、○○地区のゴミステーションのそばの木で張ってたんや！　あかん！　今日はリンゴの食べカスぐらいなものやった」「明日は、○○地区の畑あたりで熟れたビワでも狙おうかと考えている」「それで、お前のほうはどうやったんや？」「おれもあかんかった。どこの家もガードが堅かった」「なんなら、明日は一緒に○○地区にどうや？」「そやな……考えとくわ」

「おい！　あそこに変な人間がおるやないか！　盗み聞きしとるんとちゃうか？」「聞かれたかてどうちゅうことない」「あっ、向こうへ行きよったで」「みなで背中のリュック狙おうか！」

……。

トンボ

ギンヤンマ

幼い頃の実家近くにはトンボがたくさんいた。

家から100メートルあるかないかのところに、小さな広場があった。広場の周囲は数軒の民家と田んぼと小さな池があり、このあたりは幼い頃の絶好の遊び場であり、近所の子供たちのたまり場でもあった。夏になるとこの広場周辺は子供たちだけではなくトンボが集まる場所でもあった。夕方になると広場の中空は、飛び交うトンボたちで埋め尽くされていた。

兄はトンボ捕りの名人で、そのタマ（網）さばきは見事なものだった。広場に隣接する田んぼの畦の草むらに身を屈めタマを構える。そして、ひたすら目当てのトンボが近くに飛んでくるのを待つのだ。狙いはギンヤンマ。タマが届くところを高速で飛び過ぎようとしたギンヤンマは瞬時のうちに兄のタマの中に入ることになる。幾度にも8の字に回されたギンヤンマは、開けられたタマからも飛び立つことができない。そして、容易に兄の手中に収まる。そのうち兄の左手の指と指の間には数匹の羽が挟まれている。

兄のタマさばきの技は、カブトムシ捕りの際も冴えわたった。彼らが集まるところにはよくスズメバチもいるものである。そのことを見越して兄はタマを持っていく。そして、それらが止まる木の幹を一蹴り。驚かされた蜂は兄をめがけて飛んでくるのだが、逃げながら振る兄のタマは正確に蜂をとらえている。そして、次の瞬間には地面にふせられたタマの中で踏みつけられ圧死することになる。

当時、ギンヤンマはその大きさと魅力的な体色、なにより戦闘機を思わせる見事な飛翔に、あこがれのトンボであった。オニヤンマはキング的な存在で、その堂々とした飛翔ぶりも魅力であったが、飛翔の格好よさはなんといってもギンヤンマである。

時折、僕が住む団地にある池でも見かけることがある。池の上を回り飛ぶその姿を見ると、郷里の広場と兄を思い出す。

オニヤンマ

先日、山中の谷筋で相棒が激しく水際の草むらに向かうので、それを抑えて草むらを覗き込むと、まさにヤゴから羽化したばかりのオニヤンマが草につかまっていた。羽はすでに乾いているようだが、ツートンになっている腹部の黄緑の蛍光色はまだ透けていて全体に柔らかさを残していた。ヤゴの抜け殻は子供の頃からよく目にはしてきたが、羽化直後の本体を見るのは初めてだ。それにしてもさすがにキング。柔らかく淡い躯体ながらも、その風格はすでに王のもの。

王は草の陰でひっそりと生まれる。しかし、ひとたび体が完成すれば中空を切り裂いて堂々とその姿を見せつけるのだ。

ウスタビガの繭

冬の森の散歩道。すべての葉を落とした木立の枝に一枚の緑の葉がぶら下がっている。よく見るとその厚みから、葉っぱではなく上部がきちんと下向きの弧にとじられた袋状の繭であることがわかった。妖精か何かの巾着袋のようでかわいらしい。木立の枝先にぽつんとある緑の小さな袋が冬の青空を背景にしてある様はメルヘンチックでもある。思わぬ発見に気持ちがさわやかになる。散歩はこういう出会いがあるとよい。

鳴き声

2月も中旬、鶯の鳴き声を聞いた。練習段階の未完成ものである。しかし、例年なら3月下旬頃だと記憶していたのに、地球温暖化は動物の生態にまで影響を及ぼしつつあるのか?などと考えた。

山歩きをするようになって久しい。行先ではけっこういろんな生き物の鳴き声を耳にしてきた。歩き始めた頃に聞く声はどれもこれも興味深く、耳にするたびにその発信者の正体を確認せずにはいられなかった。そういうときは、声のする方にそろりと音を立てないように近づき、時にはしばらくそのまま身を潜めて待つこともした。鳴き主をじっくりと観察できることもあるが、そうした声の多くはたいてい当方を認めたことへの警戒として発せられたものであり、主の姿も当然ながら見られないことの方が多い。蛙のようにせせらぎの岩の隙間からのものなど、発信源の所在の見当はついても姿はどうしても拝めないものもいる。

じっくりと聴ける鳴き声は、鳥などの「俺はここだよ！」とばかりに盛んに続けるスピーチだ。とりわけすごい声量だと感じるのは、ミソサザイのそれである。初めてその発声者の姿を見た時には驚いた。よくもまああのような小さな体であれだけ大きくて通る声を出せるものだと。谷筋で聞くことが多く、地形的なものの影響による増幅効果があるのかもしれないが、遠くまでクリアに響く鳴き声である。それに複雑系で幾何的でもある。肺活量と喉の仕組みはどうなっているのか？と興味を覚える。

もうひとつ、前述の、姿の確認困難な蛙である。これも春の川筋の道を歩いていてよく聞く鳴き声だ。川筋でなくてもほんの小さな沢でもよく聞く。「グワッグワッ」というのが一般的だが、時に濁点のないのもいる。この蛙の鳴き声は不思議な声でもある。鳥などは広く拡散する音なのに、蛙のは内に収束するように感じる。なのによく音が通る不思議がある。ただ、これも地形によるのだろうが、通る幅はそんなに広くはなく、限定的な通り方をする声のようだ。距離的に変わらなくても少し位置がずれると聞こえない場合もある。蛙は口を閉じたまま呼気で頬をふくらませて鳴く。収束するように聞こえるのは、この体内で発する音だからであろう。

空想に遊ぶ III

飛龍

日本昔話のシーンではない
早朝の槍、穂高の上空を
一匹の龍が飛んでいた
ちょっと早いんじゃないか
と、言ってやった
お前の年は来年だ

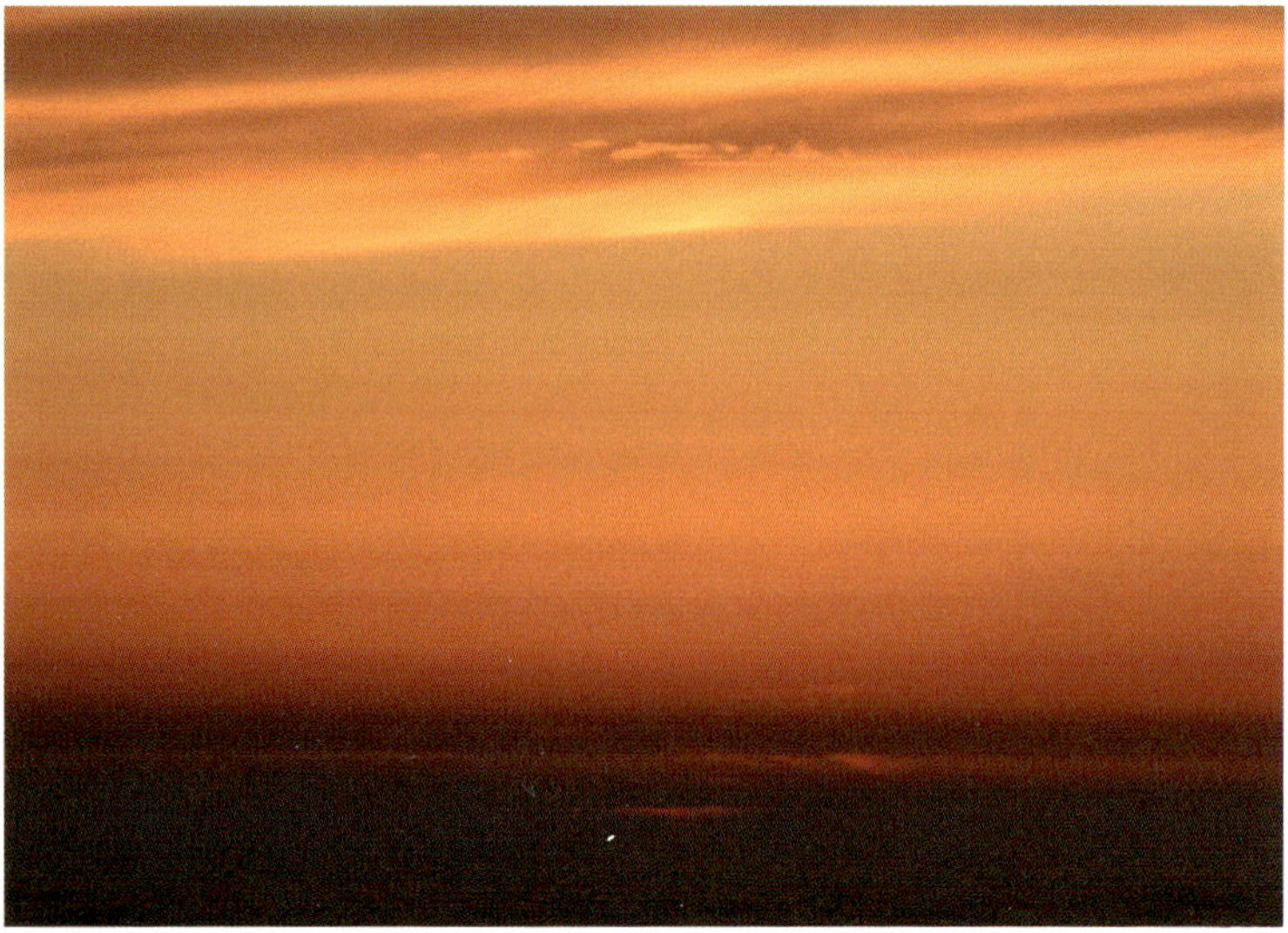

日暮れの丘で

長い年月を
宇宙船に乗って旅をしなくても
我が身にわずかな荷を背負って
稜線の小丘に佇めば
その世界はやってくる
光源が隠れた後の
広大なスクリーンに広がる
グラデーションがいいんだ

二輪

山の神は気まぐれだ
昨夜はしとしと降らしていたのに
今朝はごらんのとおり
二輪の特別サービスときた
いい男が登ってきたからかな
山の神は女らしいから

下弦虹

いつも上の半円だとは限らない
これも気まぐれな山の神の仕業？
この時は何があったんだろう
何かに気をとられ
筆の入れる向きを間違えたのだろうか

風神の技

どうしたら
こんな風に吹けるのだろう
輪っかならむかし得意だったんだけど
機嫌のよい風神の
得意技だね

極楽トンボ

秋の東北は黄金の国
高みから見下ろす庄内の平野は
こがねのパッチワーク
月の山に登れば
風になびく草紅葉の草原に水面が光る

錦秋の山を満喫して山麓の湯に浸かった
露天によいしょと身体を伸ばすと
青空にウロコが広がっている
トンボの群れも湯気に浴していた
「ああ、極楽トンボ」と口をついて出た
意味なんてどうでもいい

池の精

池の精は時に
その力の精度を上げすぎるようだ
「現実」以上の
「現実」を作ってしまう

ジョージとジョーズ

「おまえ、名前はなんていうんだ」
「この間までジョージって言われてたよ
ふるさとは、暖かい南の方の島なんだ
そういうキミはどこからきたの」
「俺か…、俺はその日もいつものように水の中
に潜んでいて、たくさんの人間が乗ったボー
トめがけて飛び出したんだ
そしたらなぜかここに出てきてしまった」
「ところでここは何処なんだ」
「何処なんだろね、空が近いね」

楽譜

救難信号のようにも
見えるけど
妙に楽しげに
踊っている
青空が
思わず歌った
楽譜の断片

餓鬼

田に実りがないからって
道端でそんな顔をしないでほしいな
仕方がないじゃないか
前世でさんざ悪さをしてきたんだから
この山の麓はうまい米どころだ
今度登ってくるときには
新米を持ってきてやるよ

即身仏

山麓のある寺では
即身仏が安置されていると聞くが
風雨に晒される
こんなところでも成仏していた
視線の先には
念仏ヶ原が広がっている

邪鬼

魔の刻
天空では間もなくやってくる
闇の世界を前に
邪鬼たちが
待ちきれずに騒ぎ立てている

登考

たいそう立派だね
君の山に登る理由は
だけど
そんな理屈は後付けなんだな
ほんとうは
「山」にアフォードされているだけなんだ
君は自分が行為の主体だと
思っているかもしれないけれど
主体は山の方で
登山者は客体なんだ
僕はそれに気づくのに30年もかかった

雑文さまざま

ザクロ

夏には多くの花が咲き、そしてその多くは結実することなくただ散っていった。今年もダメかな、とあきらめていた。朝夕に秋の気配が漂うようになった9月のはじめ、ふと見上げる枝先にはいくつかの小さな実がついていた。ほっとした。今はもう、その実は子供の握りこぶしほどになっている。秋の味覚の楽しみも間近だ。

庭木になぜザクロを選んだのか。それは、幼い頃の思い出につながるあこがれの果物であったからだと思う。幼い頃、実家の斜め前の家の庭に、ちょうど道路側に立派なザクロの木が植えられていた。当時、その木がザクロという名前の木であることを知っていたかどうかは定かではない。ただ、いつの間にやら、枝先にいくつも実った丸い果実とその裂け目に見える魅力的な赤色の粒を見ていて、どうにも気になってしょうがない存在になっていた。もちろん、「食べてみたい」「どんな味がするのやろ」と、食味への関心もあった。そうして高まる関心から、表に出る機会ごとにその木に目をやっていたのだと思う。道路の端で、じっと見上げていた記憶も残っている。そんなに親しくお付き合いのある家ではなかったし、自分と遊び友達になるような年代の子供もいなかったせいもあり、その家の人にその実のことを尋ねるというようなこともももちろんできなかった。

そんなある日、玄関先でその家のおばさんと母がなにやら話をしているのを聞いた。もどってきた母の手には、気になって仕方がなかったあの実があった。母は、おばさんにもらった、というようなことを何気なく言っていたように記憶している。たくさんはなかった。1つか2つだったように思う。さっそく慎重に秋の味覚の食味を行った。一粒一粒をはがしながら口に運び、その独特の酸味と甘さの混じったエキスを吸い取った。いくつかの粒をまとめて入れて、舌でグチュッと押しつぶして吸い取った。思いを遂げることができ嬉しかった。

おばさんは、僕がじっとザクロを見上げているのをきっと見ていたに違いないと、後で思った。そして、そんなことは何も言わず、ただ母に渡してくれたのだ。それでまた嬉しくなった。

去年の秋、我が家の玄関先で小さな男の子がじっと庭の木を見上げているのを見かけた。見上げていたのは、以前の住まいに植えていたものの分枝を植え替えたザクロの実であった。僕が近寄ってもその子はザクロから目を離さなかった。その姿になつかしさと愛おしさを感じた僕は、枝からひとつもいでその子に渡した。

あの子は、今年もこの実を見に来ただろうか。

モクレン

我が家の玄関を開けるとちょうど正面に見える家の庭にモクレンが植えられている。出勤時、いつもその木を目にするが、少し前にはまだ気配もなかったのに先日目にしたときにはもう白い蕾がついていた。このところの陽気によるものだろう。

モクレンは僕の好きな花だ。ちょうど今時分、春の陽気が漂い始めた頃に元気よく花びらをはじかせてくれる。その元気さはまさに僕の気分も元気にさせてくれる。裸の枝に唐突についた大きく分厚く濃い白色の花々を見ていると命の活力や健康が感じられる。山歩きでコブシを見かけても同じような感覚を抱くが、モクレンのそれはより強いのだ。

数年前に、こんな僕のモクレンに対する印象を大きく変えた出会いがあった。それは当時勤めていた施設の庭にあったモクレンだった。とても大きな木だったので花が咲く時期にはいつも気になって眺めてはいたのだが、とある夜勤の折に窓越しに眺めた光景にドキリとさせられた。満開の花が月明かりの中で妖しいまでに光っていたのだった。白くて黄色くて幽かな湿気が漂う中空で照らされ浮かぶ花々。幻想的でとても美しい光景だった。まるで異空間の世界であった。昼間はあけっぴろげで朗々とした花も夜には別の顔を持っているものかもしれない。虫たちではなく人の心を惹きつけ惑わす色香をも醸し出す。花はもともとそうした器官。そんなことまで考えてしまう。そんな花を見るのは初めてのことだ。

次の年の同じ頃、同じように眺めてはみたがその時の情景には出会えなかった。またいつかと思ったが、もう出会えないような気がした。

こんな情景との出会いもあったが、やはり今でも僕がモクレンから受けるものは元気や健康というイメージであることは変わらない。間もなくモクレンの花咲く時期がやってくる。出会いと別れの時期でもある。そしてモクレンは去る人、来る人それぞれに元気で健康な「気」をふりそそいでくれることだろう。

アケビ

子供の頃、だれがどこで採ってきたのかは覚えていないが、何度かアケビを食べたことがある。やや透明になるほどに熟れたものの独特の甘さを覚えている。また、食べるというより種の周囲の果実を口の中でこそぎ取って食べる。面倒くささはありながらも、その後に種を飛ばす楽しさがあった。

あるとき、兄弟でいくつかのアケビを食べた。その時ひょいといたずら心が芽生え、果汁を吸い取った後の種をそっと元の皮の中に戻しておいた。誰をねらったいたずらだったかまでは覚えていないが、たまたまやってきた二男の兄が、合わせておいた皮を開いてパクリとやった。特に違和感を表すことなく食べている二男を見て、いたずらに引っかかった嬉しさを隠せず、得意になって中身の正体を打ち明けた。しかし、目をむいた二男の表情を見ていてだんだん不安が募り、「殴られる！」と直感し覚悟を決めた。

幸い、兄は僕を殴ることなく、口の中の種を元の皮の中に吐き出していた。7つも年下の弟のいたずらである。そこは寛大におとがめなしとしてくれたのだろう。

僕の子供が小さい頃、よく野山に連れて行った。秋には、アケビ採りをすることもあった。樹上のとても手の届かない所になっているものなどは、長い竹の先にナイフをくくりつけて蔓を切り落としたりするなど、けっこう夢中に興じた。しかし、そうして採ったアケビも一口食べれば十分であった。子供の頃に味わった甘さは、もう自分の味覚には過ぎるものとなっていた。子供たちも好んで食べるようなことはなかったと思う。ほかに多くの甘味を味わうものがあふれているのだからしようがない。ちょっとした季節感を味わうものとしての存在で十分かもしれない。

数年前、我が家の裏庭にアケビの種を巻いた。今では、わざわざ山に採りに行かなくても庭で収穫できるようになった。毎年いくつかの実が熟す。けれど、季節を味わうのは僕ひとりである。

虚実の境目

休日の午前は犬を連れて近くの森の中を歩くことが多い。気まぐれながらも、歩くコースは幾通りか決まっている。その中でも、気に入ったロケーションの池がある。治水用に作られた小さなダム湖のような池ではあるが、林道から杣道に少しばかり入った林の中にあって、取り囲む林とその池畔に茂る丈の長い草むら、水面より突き出た枯れ木の幹などがとてもいい雰囲気を醸し出している。最初に見つけた時には、対岸近くに突き出た枯れ木にカワセミが現れるのを願い、しばらく身を潜めて待った。それほどその組み合わせがとてもマッチする池である。

その日はいつもより少し早くその池に行った。早起きは三文の徳とはいうが、朝早い池の光景は三文どころではなかった（とはいっても三文の値打ちは知らぬが）。朝の斜光を浴びた草木の輝き、おまけに（かつてこの場で願った）水面近くの枝にカワセミがその鮮やかな体を輝かせて止まっている。水面に目をやると見事なまでにくっきりと林の木々と空が映っていた。水際では、その上方に生える草木の生え際から真下に同じ草木が生えている。水面の林全体も色濃く、また空は空そのものの色。まるで虚実の区別ができない。じっと眺めていると吸い込まれそうな大きな空だ。まさに本物のような空間世界が広がる。

ときおり水鳥たちが引き起こす波紋が虚を知らしめてくれる。対岸でカワセミがダイビングをした。水しぶきも光っていた。

悪くない。池からの帰り道々朝に感謝した。

そして思った。自分もまた虚実が入り混じった世界にいることを。

思想、宗教、イデオロギー、政治、ニュース番組、ドラマに映画、それに科学、etc.etc.

自身に問いかけてみる、「虚実の区分けは大丈夫か?」。

そして思う、虚に住まうも悪くはないか?

人生は案外狭間で行ったり来たりなんだろうな?　などと。

しかし、境目はいつも知っておきたい気もする。必要な時に水鳥がいてくれるとは限らないから。

夢

落ちる

梯子を上っていて途中で梯子ごと後ろに倒れていく夢をはっきりと覚えている。何度も何度も見たような気がするのだが、どの夢も倒れきるのではなく倒れゆく途中、わずかな時間のものので、「ああっ！」と体が後方にゆっくりと倒れていく言いようのない恐怖の感覚を伴っている。どうすることもできず、ただそのまま落ちていくしかない状況での焦りと恐怖。地面に叩きつけられるまで続かないものなので痛い目を見ることはないのだが、なんとなく完結しない前の一瞬のこの恐怖の方が嫌な感じがする。それに、夢なのに梯子が後ろに倒れていく時、梯子につかまったまま我が身がゆっくりと中空に倒れていく感覚が実感的に残っているのが妙だ。こんな夢は、夢分析ではどのように診断がなされるのだろうか。興味はあるがまだ調べていない。

飛ぶ

もうひとつは、完全に空を飛ぶ夢。空といっても地面すれすれを滑空するもの。子供の頃、「パーマン」というアニメをテレビでやっていて、子供に大人気であった。僕も毎回欠かさず見ていた。主人公の子供は、マスクとマントをつけると空を飛べる「パーマン」になり正義を行う。夢の中で僕はこのパーマンになっていた。マントをつけて地面すれすれを高速でまっすぐ前に飛び、右斜め前方に身をひるがえす。たったこれだけのシーン。梯子のとは違ってこちらはとても快感な夢だ。この夢も何度も見たような気がする。そして、高速で滑空している感覚、伸ばした左腕と肩をぎゅっと右前方にねじり伸ばして身をひるがえす感覚、ともに今でも覚えている。時々、散歩先で出会うカワセミの水面すれすれの滑空を見ると、この夢を思い出すことがある。また見てみたい夢だ。

中空を舞いたい

四季を通じてよく歩く山がある。台地上の山で東西南北にピークがいくつもある縦走の楽しい山である。いくつもの山行ルートがあるなかで、いつも好んで歩く縦走コースの途中に、急峻な尾根の山腹が大きなすり鉢状になった広い谷がある。谷の中ほどでよく数羽の鳶が優雅に風に遊んでいる。翼はまったくはばたかさずただ吹き上がる風に身を任せ、時にクルッと方向転換したり急降下したかと思えばふわりと浮き戻る。数羽がこうして思い思いに中空に舞っている。最初は、飛びながら地上のネズミか何かを探しているのかと思っていたが、舞いの様子を見ている限り風に戯れているとしか思えない。とても楽しそうだ。うらやましい。一度でいいから鳶になってこの谷を飛んでみたい。そんなことまで考える。鳶が飛んでいる光景は普段からよく見るが、たいていは地上から上空を見上げる形で見ることがほとんどだ。その時にはさしてうらやましさや憧れなどといった感情は覚えない。しかし、こうしてこちらの方が高い位置から風に舞い遊ぶ様子を見下ろすとなぜか強い憧れと欲求を感じる。稜線から見下ろす谷に飛ぶ鳶。視界に感じる位置関係と風と優雅さが喚起する欲求なのだろう。

鳶にはなれなくてもパラグライダーなら同じ体験ができるかなと考えた。死ぬまでに一度は。しかし、その一度の経験が死に直結となるやも。それを考えると、もう逝ってもいいと腹をくくれる時まで初体験はとっておこう。

宇宙は花火

僕は、人の探究心の対象を集約していくと、「人間とはどういう生き物なのか」「自然界の仕組みや成り立ちはどうなっているのか」という2つに括れるのではないかと勝手に考えている。前者については「人間」を「自分」に置き換えて考える場合も多いかと思う。後者については、身近な自然界から地球、さらには宇宙や時空といった世界にも広がっていく。

この数年興味を感じた書物は、脳や心理関係、動物行動学、物理などのジャンルのものが多い。物理については、高校時代とても苦手な分野として身に刻みつけてから長らく触れてはこなかった。しかし、なぜか最近は関心の矛先が宇宙関係や物理に向かうようにもなった。時々出向く図書館では、科学雑誌や物理の一般書の類を手にすることがよくある。

しかし、興味があっても必ずしも理解の度合いと比例するとは限らない。相対性理論などは何度読んでも僕の頭には落ちない。あまりに「常識的？」な頭だからか？

そんななかでも、宇宙の始まりと終わりについてふと考えついたことがある。宇宙は「無」から始まったといわれる。無から極めて短時間（瞬間）の急激な膨張があり、次にビッグバンが起こった。以後、宇宙は膨張を続けている。一般書には、その時間経過がひとコマのイラストで描かれていた。無の一点からの空間の膨張と爆発、そして無数の銀河が存在する空間への広がり。まるで花火だ。花火の中でも、玉からはじけ出た火玉が、はじけ出た先でさらにはじけるものがあるが、それがまさに銀河のようでもある。花火は「無」からではないが、見た目には無から無に帰する瞬時の出来事だ。ひょっとして宇宙も花火みたいなものではないだろうか。宇宙は膨張を続け無限に拡散してゆく。その果ては物質は言わずもがな光さえもかすかな暗闇の世界。それはもう無であり終わりと同じではないだろうか。

時間というものは絶対的なものではなく相対的なものだそうだ。移動速度や重力によって進み方が違う。身を置く世界によって時間の在り方がまったく違うのだ。そうであれば、この宇宙の始まりから終わりまでを、ちょうど瞬時の花火のように見ている世界と存在があるのではないか？　そして、その瞬間は、宇宙に存在するどこかの生命体がこの宇宙世界すべての仕組みを解明できた時をもって始まるものとしてプログラムされているのだ。そんなことを妄想したりもする。

土の感触

子供の頃から砂や土には親しんできた。郷里にはサラサラの白砂の海浜がある。何度もそこで泳いだ。そして砂に戯れた。砂団子を作りぶつけあって遊んだ。体を砂の中に埋めた。足で海中の砂を掘った。そうした感触の経験がふんだんにある。土にしてもそうだ。山肌の土を水でこねて泥遊びもした。加えて実家の家業は左官屋だ。高校生の頃家業の手伝いでモルタルや漆喰、壁土を練った。近年でも粘土を扱う仕事を数年間経験した。その頃は毎日粘土を練ってその感触を味わった。土の感触には夢中にさせる要素とホッとさせる安心感がある。どうしてだろうか、考えてみた。

動物の個体発生は系統発生の過程を経る。人間の受精卵は幾度かの卵割のあと胎児となっていくが、そのとき魚類や両生類の過程を経て人間の形態になっていく。要するに進化の過程を胎内で繰り返す形を経て人間の胎児に発達していくようだ。直近では、周知のとおり人間は猿から進化してきた。さらに遡っていくと猿の前は原始の哺乳類、爬虫類、両生類、魚類、無脊椎動物、単細胞生物ということになる。ここで注目したのは魚類や両生類を経て進化してきたことだ。

また一方で、脳も人間だけのまったく独自の仕組みとしてではなく、人類の進化の過程で原始的な部分により高次な機能の部分を付け加えてきた構造となっているらしい。脳は、大脳半球、小脳、間脳、脳幹に分けられ、大脳は人間がより高く発達させた高次の部分で、ほかは他の動物が持つ共通の部分となっている。すなわち、私たち人間の脳には両生類や爬虫類が持つ（機能の）脳があり、それに人間独自の部分が乗っかって発達してシステムを組んでいる、ということになるようだ。

この2つのことを考え合わせてみると、人間は魚類や両生類を経て進化し、脳にはそれらの脳（機能）が存在する、ということ。そして、魚類が水中から陸に上がり両生類に進化し暮らすようになった水辺の環境はドロドロ、トロトロの干潟など（水と泥の混じり合う環境）だ。土に感じる心地よさや安心感は、長い間のドロドロ環境での生活で経験してきた遠い遠い記憶を呼び起こしているからではないだろうか。

皮膚で得た感触刺激は末梢神経、脊髄を経由して脳に伝わり知覚される。その経路の途中には進化の過程で残る魚類や両生類時代の脳がある。そして、その刺激は情動をつかさどる部分にも当然伝わり作用する。そこでなんとも言えない、言葉では言い表しがたい心地よさや安堵感のようなものを覚えるのではないか。これは大脳辺縁系という部位で魚類、両生類等とも共通する部位。情動は記憶とも強い関係があり、強い快感や幸福感などは前の体験の記憶が作用することでより高まっている可能性がある。土の感触刺激は意識下の経路を伝わり、記憶とも関連する情動という意識下の働きに作用しているのだ。

土で遊ぶことによって、ムツゴロウやカエルに帰っている。そして、こうした感受性は、大脳の機能の邪魔がない方がよく働き、大脳機能が低い状態のほうが研ぎ澄まされていくのではないかと推測する。僕が土の感触にとらわれるのもこうした理由なのだろう。大脳機能を下げてみると原始の感受性が蘇り、遠い遠い昔を体験できるのだ。

景観美

心に深く感じる美。しばし目を離すことができないくらい惹きつけられ、胸深く焼きつけられる美。このような美がある。

山頂や尾根などから見る朝日や夕日に焼ける空、中空に漂う雲海、雪稜（雪庇）、雪原、霧氷の林などの光景がそうである。朝日や夕日に焼ける空は、たくさんの色が混じったあざやかなものである。赤、橙、黄、青、紫、白、黒が、濃淡も含めて絶妙に入り混じり、一種、畏れを伴った荘厳さで心に迫ってくる。

一方、雪稜や霧氷には色彩のあざやかさはなく、畏れや荘厳さも感じはしないが、簡素でありながらも静かに深く浸透してくる。

雪山を登るようになって以来、雪山で出会う景観に感じる美は、僕を虜にしている。

そこは、モノトーンの世界であることが多い。絶対に人工では描くことのできない風の造形がある。雪庇が描くなめらかで柔らかな曲線、シャープに荒々しく削り取られた風紋、繊細なガラス細工のたてがみを枝に張り付けた木々の霧氷のきらめき。あざやかな色彩はなくとも、それ以上に眼球だけでなく皮膚を通り抜けて迫ってくる自然の造形美がある。背景に厳しさがある美だ。

街中での色彩豊かな景観も嫌いではない。単色、多色の電球で作られたイルミネーションや夜景なども美しく感じる。それは背景に安心や安らぎがある美のようにも感じる。

しかし、僕の心に深く沁み、惹かれる美は、やはり自然の世界のものであり、なかでも、シンプルな色彩ながらも光と造形の妙から感じる雪と氷の世界のものである。

これは、登攀という一定の労力を伴う行為によってより高められる感性によるものだと思っている。

撮影という行為

山登りを始めて間もなく、山の景観や草花の写真を撮るようになった。本格的な機材を持って凝るというレベルまでにはいかなかったが、一応一眼レフカメラで、レンズも2種、フィルムは発色とコントラストにこだわってR50のポジフィルムを使っていた。もちろん、撮影ではオートはつまらないし、なにより自分自身で撮ったものとしての実感や満足感が薄くなってしまうのでマニュアル操作である。これだ！といった景観の撮影では後悔しないように3段階の露出で撮影し、現像後にはそのうち一番よいと感じたものを残すようにした。当時撮りためたスライドは4冊のファイルとして残っている。

しかし、いつの頃からか撮影への興味と意欲は薄くなっていき、そのうちカメラ自体もザックに入れなくなっていった。元来、飽き性なところがあるのと、加えてザックに乗っかるカメラの重みをも嫌うようになったという理由もあるのだが、それより撮影をしなくなったことの一番の理由は、撮影という行為とその手段に疑問を感じるようになったことだと思っている。

写す対象は、それなりに心が動いた場面や瞬間が主であり、初めて登った山稜であったりそこから眺めた光景が多く、なかでも誰もが感じ入ることの多い日の出や夕照は特に狙って撮っていた。迫力ある岩峰群や雲の作る造形、山稜の連なり、遙かに広がる空間などもそうであった。

こうした景観に出会った時、なぜ撮影の衝動にかられたのか。それは、その感動の景観を形として残し、また後に引き出して繰り返し感じたい、という単純な感情からのもので、いわば記録の意味合いの行為なのである。また、そのうちそれらの光景をよりよい構図やよりよい色合いの作品的なものに仕上げるための技術の向上という目的も加わるようになる。そうなってくるにしたがい、先に書いた疑問が徐々に持ち上がってきたのだと思う。撮影に気持ちや神経が集中していくことにより、肝心の対象の光景をじっくりと見、そして感じるということができていないと思うようになった。シャッターを切ること（記録を残すこと）で満足してしまい、感じることを止めてしまってはいないか。シャッターを切ること自体が目的になってきてはいないか。心動かされる景観を我が内に取り入れたいがための行為が、逆にそれを阻害しているのではないか。出会った景観、瞬間を、ほかに余分な神経を使うことなく、何もせずじっくりと見、ただただ感じる、ということを大切にしたほうがよいのではないか。そのほうがその景観なり瞬間を我が内に深く取り込むことができるのではないか。というようなことを少し理屈っぽく考えるようになった。そして写すという行為を捨てた。

カメラを持たなくなってもう何年にもなる。最近、また山行の最中、写真を撮りたくなることがある。その時は携帯電話のカメラでパチリとやる。いろいろな操作はできないのであっさりとしている。これは、こむずかしいことは考えなくて済むからいい。

歩考

森の中を歩いていると、ふさぎがちであったりちょっと不安であったりする気分が和らいでくることが多い。森の木々と川のせせらぎ、そしてそこを流れる風などが無意識のうちに体と心を癒してくれるのだろう。しかし、歩き始めからいきなりというわけではなく、むしろ無心に歩きたくてもなかなかそういう風にいくことは少なく、逆にいろんなことがあれこれ思い出されてくることが多いものだ。そして、時に思い出さなくてもいいことまで出てきてしまい、それをかき消す自らの大きな声にわれに帰ることもある。しかし、どんどんどんどん歩いているうちに、考え事に対して現状是認や諦観というかなんとなく楽天的な思考に変化してくることが不思議だ。そして気分が軽くなっていく。森の中の自然が体に与える作用か、淡々と歩く運動による脳への作用なのだろうか。双方の相乗効果もあるのだろう。

自然の中を歩くことは、人が本来持っている感性を呼び覚まし、かつ磨く作用があるように思う。とりたてて意識をしなくても、無意識のもとで癒され自然と磨かれていく。文明社会の発達とともに失ってきたところの感性。本来持っていたであろう「原始」や「未開」といった世界における感性に興味を感じる。そうした感性の研磨が僕の生活や人生を豊かにするのだとも思う。自然の中を淡々と歩く。それが気分や心を軽やかで豊かにしてくれる。

また、淡々と一定のリズムで歩くことは脳内のホルモンの分泌に作用するということもあるらしい。気持ちの安定や幸福感を導くセロトニンなるモノアミンの作用が増すことによるとのこと。気分や意欲の状態がよくなくても、とにかくリズムよく淡々と歩くことがミソだということだ。確かに、体が重く動き出しがとても億劫な時でも思い切って歩き始めてしまうと、徐々に体の動きがなめらかになり、振り出す足の調子も上がってくる。同時に気分の重さも取れてくるものである。

いずれにしても森の中を歩くことは心身共にリフレッシュさせ、そしてリセットもしてくれる、まことに簡易で優れた行為であり健康法である。

サメ

どうしてお前がここにいる?
標高2800メートル
ここが太古に海だったという話は
聞いたことがない
碧い海で獰猛にふるまうお前には
この白い海は似合わない

おびえ

何とかしてくれよ
夜明けから日暮れまで
この高さにおびえているんだ

樹上の怪人

樹上に怪人がいた
今にも飛び降りてきそうだ

ちょっと待て
僕はただの登山者
この先の峠の小屋まで行くだけだから
決していじめたりはしないから
お前の仲間たちを

蟻地獄

そこを歩く人は
すぐ下に
こんな怪物が潜んでいるなんて
気づきもしない
尾根筋から滑落でもしようものなら
餌食になるのは間違いない
這い上がろうったって到底無理だ
巨大なアリ地獄なのだから

金勝《こんぜ》

写真を撮っている場合じゃなかった
そこは金勝の主の
舌の上じゃないか
刺激をしないように
そろりと降ろさないと

あとがき

大学への進学が決まって郷里を離れるとき、突然、母がこう言い出した。「山だけはやったらあかんで」。特に山登りにあこがれを持っていたわけでもない僕は、なにを突然にと怪訝に思いながら、「ああ、うん」と曖昧な返事をした記憶がある。あまりに突然であったということもあってか、なぜ母がそういうことを言ったのか問い返すこともしなかった。少しあとになって考えたのだが、当時、山岳遭難の報道などで、救助ヘリを飛ばせばその高額の費用で家の柱も飛んでいく、というようなことを聞いたことがあったが、母もそういうような情報を聞いていて、念のためにと思ったのかもしれない。もちろん純粋に遭難への心配もあったのだろう。

大学時代はワンダーフォーゲルという言葉の響きになんとなく関心を抱いたことはあった。しかしサークル活動などする余裕はなかった。ハイキング的なこともほとんどしなかったと思う。しかし、山には登ってみたいというほんのりとした欲求はあったような気がする。京都の北山や旅行先で山を見るときになんとなくそれを感じることがあった。そうした隠れた志向が現実の行為にまで至った経験があった。北海道の大雪山だ。旅の予定を急遽変更して、お鉢平を友人と一日かけて歩いた。まったく雄大で遥か、初めてみる高山の紅葉の色はまったく鮮烈であった。ガスってくるたびに熊の出現を恐れて心拍と足取りを速めていたことを思い出す。

その後すぐには山に向かうことはなかったが、意識下にきっかけとして刻まれたことは間違いない。そして、卒業を迎えた頃、ふとやってみようと思うようになった。北山の日帰りからひとりで始めた。今思えば笑ってしまうくらい臆病な山登りであった。薄暗い杉の森や風のざわめき、下藪を這う動物の動きにびくびくしながら、登頂後は速足の下山。それでも日が経てば、あの山にも登ってみよう、と違う山に向かうようになった。こんな情けのない事始めの頃から思うと、よくもまあ3000メートルの雪山にまで単独で登るようになったものだと、われながら感心している。そして、不思議にも思う。幼い頃から南国の海を遊び場として育ち、しかも寒がりだった自分が真逆の山を志向するようになったことを。

この本の雑文の半数近くは、職場の数種の刊行物に投稿していたものです。また、そのうちの大半は、僕が編集していた職場の交流誌に箸休め的なものとして掲載していました。仕事とはまったく関係のない山の思い出話などですが編集者の特権をふるわせてもらいました。

さて、こうした雑文を書くようになったきっかけですが、もう十年以上前のこと。職場の定期発行物の編集をされていた大先輩から、「次号はあんたの番やで！」と末尾の随想欄への原稿を依頼されたことによります。戸惑う僕に、「テーマは仕事のことでもそれ以外の何でもいいから」と、考える間も与えられず事が決められました。当時、担当していた職場の別の交流誌に仕事関連のことを書いていた僕は、それなら好きな山のことでも書いてみるか、と冬山での体験を短文にしてみました。本書の冒頭にある「山への誘い」がその時のものです。題はその先輩職員がつけてくださいました。その後数年、日記の習慣も持たない僕ですが、なんとなく山行の思い出を書き留めておきたくなり、気が向くと手近な紙の裏などに残していきました。そんなことをするようになったのは、「山への誘い」を書いたことがきっかけとなったことに間違いないと思っています。

そののち、一時中断していた職場の交流誌の編集を再び始めたのですが、1ページ分を確保してそれらの雑文を連載させてもらうことにしました。裏紙に書いていたメモはちょっと「よそ行き」に手直ししました。そして、こうした文書を書くきっかけを作ってくださった、先輩であり詩人の森哲弥さんの詩の隣のページに掲載したのです。ひそかな喜びでありました。大それたことですがこれも編集者の特権として勝手ながら許していただくことにしました。森哲弥さんにはこの場で失礼のお詫びとお礼を申し上げます。

森さんには、詩集やエッセイ集を出されるたびにご著書をいただいてきました。内容はさておき、僕の方からも一冊お返しできることを嬉しく思っています。

また、写真に短文をつけたものは、雑文をとりまとめて本を作ってみようと作業を進めていたとき、全体の分量をもう少し増やした方がいいかなと思って遊び心で創作したものです。撮りためていた写真の中で物語を作れそうなものを選んで短文をつけました。

やめていた山の撮影を再開したのは、子供たちの世話がなくなり妻と山に登るようになってからのことです。妻はマイペースなカメさんです。ある程度はペースを合わせて登ることができますが、限界があります。あまり自分のペースと違いすぎると、それがゆっくりでも逆に疲れるものです。そこで、先を歩いては休憩をして待つというスタイルになります。その待つあいだに周囲の目にとまるものに気ままにカメラを向けていました。そんな時に目にとまった対象が人間の顔をした岩などでした。時間を惜しんで早朝から日が傾くまでがむしゃらに歩いていた頃の山行では、こうしたものへは目がいかなかったことでしょう。カメさんのお陰だとも言えます。

そして、この度山と溪谷社さんに本書出版の相談をお願いしたところ、思いのほかこの写真文に評価をいただき、追加も勧められました。そこでもう少し、言葉で遊べそうな写真を選んで当初の倍以上の追加を創ってみました。おかげで楽しい創作の経験となりました。写真文を面白く感じてくださり、この本の編集と制作に尽力いただいた山と溪谷社の佐々木惣さんにお礼を申し上げます。

アルピニズムなどとは無縁、5万分の1のケチな計画立てで歩いた山旅の思い出。思うがまとなるような山の情景との出会いなどもなかった。それでも、稚拙な文章と幼稚な空想ながら自分なりの山の世界を残すことができたのではないかと思う。

オトシブミ（本書）は届ける相手を決めて落としたものではない。拾ってくれるなら誰でも大歓迎だ。しかし、届けたい人がいるのも確かである。

ふと思うことがある。あの時、母は僕の中にあった山への志向を感じ取っていたんだろうか、と。母はあと2年足らずで100歳を迎える。もうすでに本など読むことはかなわない。だけど、あのときの戒めを守らなかった償いに「僕の山の世界」を届けたい。そして、僕の家族にも。

父の17回目の命日に

阪本博史（さかもと・ひろし）

1958年、和歌山県白浜町に生まれる。20代前半から山登りを始める。京都北山をはじめに、比良や鈴鹿の山を歩き回り、日本アルプスなどにも足をのばす。中年期を迎えスキー登山を始める。山歴は30余年。昨年の夏、突然の膝痛に襲われ、一時的だが歩くのも困難になる。病院で変形性膝関節症の宣告を受け、山とスキーを続けることに迷う。しかし、膝の怪我で引退していた中山ゴンの現役復帰宣言を知り、自分も止めないことを決意。他に趣味として、ロックが大好き（岩でなく洋楽と酒）。滋賀県湖南市在住。

扉スケッチ・版画＝阪本博史

装丁・本文DTP＝高橋 潤（山と溪谷社）
編集＝佐々木惣（山と溪谷社）

YAMAKEI CREATIVE SELECTION
Frontier Books

僕のオトシブミ

― 空想と回想の山 ―

2016年5月27日　初版第1刷発行

著　者　阪本博史

発行人　川崎深雪
発行所　株式会社　山と溪谷社
　　　　〒101-0051 東京都千代田区神田神保町1丁目105番地
　　　　http://www.yamakei.co.jp/
印刷・製本　大日本印刷株式会社

◎商品に関するお問合せ先
山と溪谷社カスタマーセンター
TEL 03-6837-5018

◎書店・取次様からのお問合せ先
山と溪谷社受注センター
TEL 03-6744-1919　FAX 03-6744-1927

Printed in Japan
ISBN978-4-635-88647-5